する

非常識な介護施設

フツーの主婦
だからこそつくれた

小林久子
KOBAYASHI HISAKO

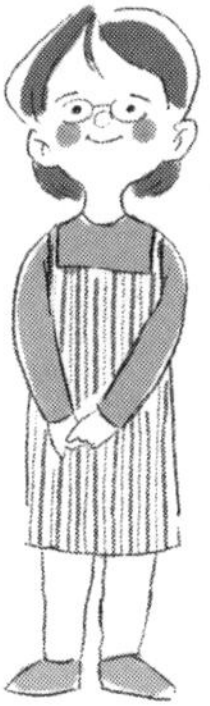

幻冬舎 MC

はじめに

「これは大変なことになったわ……」

1992年、娘が8歳になったとき、製薬会社で働く夫が筋ジストロフィーの病気であることが分かりました。筋ジストロフィーとは骨格筋の変性や壊死、筋力の低下を生じる難病です。私が36歳、夫が39歳の時です。医師からは「ご主人の寿命はもって50歳までです」と宣告されました。

私はその2年前から、家計の足しになればと、隣町の病院でパート薬剤師として働いていました。しかし、夫の余命があと10年だと告げられ、これからの生活を考えるとパートの収入だけでは限界があります。このままでは娘の学費もままなりません。私たち家族は突然ピンチに陥りました。

しかし、くよくよしていても何も変わりません。

「夫の代わりに今度は私が頑張る番や。夫婦なんやから働けるほうが働いたらいいわ」と、私が家族を支えようと決めました。

ただ、娘はまだ8歳です。「子どもが10歳になるまでは、そばにいてあげたほうがいい」という母のアドバイスもあり、夫の病気が発覚してから2年後、娘が10歳になった年に近所の調剤薬局で正社員として働き始めました。

勤め先では店長から社員リーダーへと徐々にステップアップし、わずか3年で部長職になりました。部長に昇格してからは人事や商品の仕入れを任されるまでになりましたが、次第に効率性を重視した経営方針に歯痒さを覚えるようになっていきました。そして「もっと患者に寄り添い、地域に頼られる薬局を自らつくりたい」という強い思いにかられ退職を決意し、1997年、理想を追い求めて自分の薬局を開業するに至りました。

経営も軌道に乗り5年が過ぎようとした頃、病状の悪化した夫が病気発覚後も勤めていた製薬会社を早期退職しました。自宅療養となり、出かける機会も少なくなった夫は、人との接点も少ないためか気持ちも塞ぎがちになっていました。

そこで私が考えたのが、夫が安心して過ごせる居場所をつくることでした。私が自らの手で介護できる場をつくり、夫が家族以外の人と接する機会をもつことで元気を取り戻してくれると思ったのです。

そのために、まずは通所介護事業所（デイサービス）を開設しようと思い至りました。幸い私は、薬の知識があったので、ケアマネジャーの資格を取り、まずは2004年に「通所介護事業所・ケアプランセンター」を開設しました。翌年には「訪問介護事業所」を、2012年には介護施設「サービス付き高齢者向け住宅」をつくったのです。銀行から融資を受け、数億円近い借金を抱えることになり、「なんとか倒産しないように頑張っていかなくては」と身の引き締まる思いでの船出となりました。

施設では、「人間、口から入れるものは食べ物と薬だけ。口から入れたもので身体はつくられていくのだから、そこは絶対に妥協したらあかん」という考えにこだわりました。食事は毎食手作りで、食材は必ず国産のものを仕入れました。また、薬剤師としての知識を活かして塩分量などにも気を配り、健康に配慮しながらよりおいしく食べられる工夫を凝らすことで、一人ひとりの薬量を減らしていけるように努めました。

すると、

「あの施設は高齢になってもおいしいものが食べられる」
「あの施設に入ると薬が減って、なぜか元気で長生きになる」
といった口コミが広がって、今では入居待機者が出るほどの人気施設になっています。

50歳までしか生きられないといわれた夫は、68歳になりました。2020年まで私の施設で一緒に暮らし、現在は専門医療が可能な病院に入院していますが、20年近くも長生きができたのは、本当に有難いことだと思っています。

薬局を開設してから24年、「一度しかない人生、悔いの残らないように頑張りたい」という思いに突き動かされてここまできました。本書では、私が薬局や介護施設で行ってきた取り組みを記しています。介護施設を運営している方や、働いている方、あるいは、大切な家族をどういったところに預けたらいいのかを悩んでいる方に、これからの介護を考えるうえで参考にしていただければこれにまさる喜びはありません。

フツーの主婦だからこそつくれた　入居者が殺到する非常識な介護施設　目次

［第1章］

〃誰にでも一律なケアをする介護施設〃が入居者を不幸にする

効率的で合理的を重視する「一律なケア」とは

「病気の夫とわがままな母を、安心して任せられる施設がない」。

「あのときドイツで見た、自由で穏やかな時間を過ごせる施設が日本にはない」。

私の介護事業の出発点は、ここにありました。

「だったら自分で作ってしまおう」と決意したのが17年前、48歳のときです。デイサービスを2004年に、訪問介護ステーションを2005年に、そしてサービス付き高齢者向け住宅の運営をスタートさせたのが2012年でした。

私が既存の施設では夫と母を任せられないと感じた理由は、日本の介護施設にありがちな「一律なケア」にありました。

「一律なケア」とは、どんな人に対しても同じサービスを提供するということです。

例えば複数の入居者が一つの居室で生活をともにする「特別養護老人ホーム」や、大勢の利用者が一堂に集まることの多い「デイサービス」では、提供するサービスはみんな同じ、一律になってしまいがちです。実はこの「一律なケア」は、多分に施設側の都合によります。

当然ながら、利用者の性格や入居者の活動ペースには目をつぶって、施設側が作ったスケジュールに沿って、みんないっせいに体操をしたり、同じレクリエーションをしたりすれば、サービスを提供するスタッフの負担は軽減されます。効率的で合理的ではあるのですが、それでは夫と母は幸せを感じられないと、私は思ったのです。

高い離職率が「一律なケア」を生む

介護施設側が「効率性」「合理性」を重視せざるを得ないのには理由があります。

一つには、介護を取り巻く歴史的な背景があります。

介護保険制度ができるまで高齢者のサポートは、老人福祉法や老人保健法によって定められていました。しかし、これらの法律は「介護の長期化に対応する体制が整っていない」など多くの課題を抱えていました。特に利用できる施設では「画一的なサポートしかしてもらえない」「サービスに本人の希望が反映されない」という不満が多く聞かれていました。

こうした問題を解決するために、2000年に施行されたのが介護保険法であり介護保険制度だったわけですが、制度以前は、利用者や入居者の意にそぐわない「一律なケア」が当たり前だったのです。

ただ、介護保険制度が確立され20年が経った現在でも、「一律なケア」はなくなっていません。その理由として根強く語られるのが介護職の離職です。

近年でこそ改善傾向にある介護職の離職率ですが、厚生労働省の調査によると2010年から2017年度までは介護職の平均離職率は、すべての産業を常に上回っていました。

せっかく採用が叶っても短期間で離職してしまっては育成もままなりません。利用者一人ひとりとの信頼関係を築いていくことも難しくなります。そんな事情もあって、そもそも育てるという発想が乏しく、定着させるためのノウハウをもたない事業所も少なくはありません。人が集まらない定着しないとなれば、ケアサービスの低下はもちろん、働いてくれているスタッフに重圧がかかり、モチベーションを失っていきます。

それと同時に事業者に生まれてくるのが、少ない人員でもキャリアが浅くても行える「一律なケア」という発想です。一つの部屋に複数人を集め、一つのスケジュールに沿ってみんなに同じ活動をさせようとするのです。

「人間関係」と「施設の運営」が離職の大きな理由に

介護職員が離職する主な理由としてよく挙げられるのが「人間関係」と「施設の運営」の問題です。

「人間関係」という点でいえば、例えば入所施設（特別養護老人ホーム・有料老人ホームなど）ではスタッフの指導が難しいなど、仕事上のコミュニケーションで管理職が悩んでいるケースが多いといわれています。また、訪問事業所では経営層や管理職などの管理能力が低く、業務の指示が不明確、不十分であることに悩んでいるスタッフが多く、通所施設（デイサービスなど）では「自分と合わない上司や同僚がいる」「上司や同僚などほかの職員との価値観の不一致が多い」といった理由からの離職も少なくありません。

そして「施設の運営」に関する問題も介護職の離職理由になっています。

介護職の悩みとして「人手が足りない」「仕事内容のわりに賃金が低い」「有給休暇が取りにくい」などがあり、運営に関する不安や悩みが離職につながっています。

この「人間関係」と「施設の運営」という二つの問題は、別々に存在しているのではありません。経営者や施設責任者といった運営側とスタッフとの希薄な関係性が、そのまま運営への不満として反映されているのです。

介護職に従事している人の年齢層は幅広く、その分介護に対する考え方はさまざまです。特にほかの施設での経験者が多い職場では従業者同士の考え方の違いも生まれやすいので、運営者側のコミュニケーションの取り方も一人ひとりに合わせたものが求められるのです。

ちなみにひと頃いわれていた「介護職は給与が低い」ということについては、現在は改善されつつあります。厚生労働省の賃金構造基本統計調査（２０１９年）によると、介護職の平均年収が全職種平均を下回っているのは事実ですが、国が特定処遇改善加算などで給料を上げる政策を実施してきており「介護職は給料が低いから、離職率が高い」と決めつけてしまうのは早計かと思います。

「入居者優先」ではなく「業務優先」の現状

介護業界の離職の問題については、同じ業界で働く人間としてとても残念に思います。

誰もが最初は「利用者や入居者に快適な生活を送ってもらえるために頑張ろう」と理想を描いていたはずです。にもかかわらず、日を追うごとにモチベーションは下がり、やりがいを感じられなくなっていくのです。

その理由としては、同僚が辞めていく、仕事がしんどい、研修機会がないといったこともあるとは思いますが、いちばんは理想と現実とのギャップに苦しむからだと思います。「利用者、入居者一人ひとりに寄り添っていきたい」と就職したのに、画一的な日常業務をいかに段取りよく行うかが大事とされて、利用者や入居者の個性は二の次になっている……。いわゆる「業務優先」が当たり前になっている現状に嫌気がさしてしまう人が多いのだと思います。

しかし私は「業務優先」を行いながら「入居者優先」もできると思っています。

そのためには事業者が利用者や入居者を優先するという理念を掲げて実践し、それをしっかりと伝えていくことが大切です。作業的な業務をしながらも入居者一人ひとりに気を配り、変化を見逃さずそれぞれに合った対応ができるよう、介護の理念とスタッフの育成方法を確立しておくことは、事業者の責務だと私は考えます。

一方で働くスタッフの側でも求職の際に「通勤が便利」とか「給与が高い」といったことだけでなく、理念や育成方針にもしっかり目を向けて、その点にも共感して働いてほしいと思います。お互いが納得して「こんなはずじゃなかった」と後悔しないようにしたいものです。

ドイツからの帰国後に宣告された余命10年

介護業界が抱える問題上、仕方のない一面もある「一律なケア」ですが、私の夫や母がそうだったように施設の利用者や入居者は一様ではありません。介護の度合いも違えば、病気もありますし、これまでの環境、考え方、歴史、すべてが十人十色です。誰もが同じケアで満足いくわけがないのです。

私がこの「一律なケア」の限界に少なからず気づいたのは、介護施設を開設する以前に勤めていた調剤薬局がきっかけでした。

今でこそ調剤薬局と介護施設の経営者ですが、大学の薬学部を卒業した私のキャリアは、製薬会社の一社員からスタートしました。

そこで同期の夫と出会い、私は2年間勤めてから25歳で寿退社をしました。夫は順調に昇格していき、あるときドイツ駐在員として現地の工場長を任されることになり、私も夫に同行し異国での生活が始まりました。

ドイツでは幸せな生活を送らせてもらいましたが、夫にはすでに異変が起きていました。6年間の駐在生活を終え1989年に帰国すると、私は知人の医師に夫を診てもらうことにしました。すると医師から「君たち夫婦がこれを乗り越えられると思うから、私ははっきり言うよ。筋ジストロフィーに間違いないよ」と言われたのです。筋ジストロフィーは骨格筋の変性や壊死、筋力が低下する筋疾患で、早期発見によっては治療で緩和はしていくものの、根本治療は見つかっておらず、告げられた余命は10年でした。夫39歳、私が36歳、ドイツで生まれた娘はまだ8歳です。私は残された時間を逆算して、「大変なことになった。これでは娘を進学させて大学に行かせるのも危ういぞ」と考えました。「私がこのままだと家族共倒れになってしまう」と焦りつつも手立てがなく、うつうつとしたまま一年があっという間に過ぎていきました。

夫は病気が発覚したものの仕事に差し障る病状ではなかったので、本人の強い意思で会社に出勤していました。しかし、いずれは働けなくなることは分かっていましたので「私が今度は大黒柱になって働こう」と決めたのです。

正社員としての働き口を探しているときに、声をかけてくれたのが調剤薬局でした。製薬会社で2年勤めた以外は、専業主婦でしたからパソコンもろくにできません。しかし、入社して間もない頃から上司は私に大きな期待をかけてくれ、39歳で部長に昇格することができました。その後、仕入れを任されたり、クレーム処理や事故対応をしたりするまでになりました。苦労もありましたが、やりがいをもって仕事をしていました。

大黒柱になるべく41歳で調剤薬局を作る

3年間勤め、私は調剤薬局のノウハウをすべて吸収していきました。しかし次第に会社の利益を追求するだけの経営方針に疑問をもち始めるようになりました。そして「そもそも薬局の使命とは何だろう」と考えるようになり、やっていることと理想の乖離に納得できない日々を過ごすようになっていったのです。「もっと患者一人ひとりの役に立ちたい」という思いが日に日に大きくなっていきました。

また以前から小学生だった娘の子育てをするなかで、子どもがちょっとした怪我をしたり風邪気味になったりしたとき、「相談したいことがあるのに」「聞きたいことがあるのに」と思っても、当時はそれに応えてくれる薬局がありませんでした。漠然とではありますが「誰からも愛され頼りにされる薬局を作りたいなぁ」と考えていたのです。

しかし経営者からは「経営方針に沿ってほしい。時間のロスになるようなことは考えなくてよい」と言われました。まさに効率性重視と感じました。私は納得できず、ついには退職を願い出て自分が納得できる薬局を自分で作る決意をしたのです。

周りには無謀だと言われましたが、迷いはありませんでした。1997年、東大阪に薬局をオープンしたのです。

「一人ひとりに寄り添う介護」の源泉はドイツ

今振り返ると、「一人ひとりに寄り添いたい」という考え方は、薬局に勤める以前のドイツですでに芽生えていました。

私たちが暮らしていた1990年頃のドイツは人口の15％が65歳以上という高齢化が進んだ国であり、すでに十分な長期ケアの制度をもっていました。それに比べ当時の日本はずいぶんと遅れていたと思います。

私が住んでいたデュッセルドルフの近くに、アルテンハイムという高齢者用の住宅がありました。住民はベランダにカラフルなパラソルを開いて、その下の椅子でゆったりと本を読んだりお茶を飲んだり、思い思いの時間を過ごしています。スタッフが号令をかけていっせいに同じ活動をするようなことはなく、個々に豊かで穏やかな時の流れを楽しんでいる人たちを見て、「私たち夫婦もそうありたい」と思ったものです。そのときは私自身が数十年後に介護施設を作るなんて微塵も考えていませんでしたが、帰国後に日本の介護の現状を見たときに、ドイツとの差に驚いたことは事実です。

ドイツは、日本が介護保険制度を導入する5年も前、1995年に同制度を開始していました。その制度は要介護認定を行うこと、給付対象が在宅サービスと施設サービスの2本立てであること、「施設より在宅重視」など、日本と同じような仕組みです。今でこそ日本の介護保険制度は、他国に真似されるまでになってきていますが、そもそものモデルはドイツだったのです。

私の介護に対する考え方の源泉は、はるか異国の地にあるのです。

培われたオープンマインドが今に活きる

一人ひとりに寄り添うという基本的な考え方のほかにも、ドイツでの経験は今にたくさん活かされています。

例えば社交性です。日本人同士はもちろん、ドイツ人とも交流の機会をたくさんもち、言葉を越えて、料理などの文化を共有するなかで自然と社交性が磨かれていきました。同じ日本人主婦のなかには、言葉が通じないからドイツ人と接するのは苦手という人もいましたが、私はドイツ語を話せないときから、溶け込むようにしていきました。子育てのことや料理について情報交換しながら、協力し合って生活をしていました。

この経験が薬局の経営者と介護施設運営者のベースになっています。今こうやって介護施設の中で入居者やスタッフたちと一緒に笑顔で暮らせるのは、ドイツ時代に培われたオープンマインドのおかげです。異文化の生活は、その後の私の人生をたくましく乗り越える知恵を授けてくれました。

料理へのこだわりもドイツ時代のたまもの

また、介護施設で提供する料理へのこだわりもドイツ時代に培われました。

私たちが運営する介護施設の自慢は「すべて食材は国産、自前の料理」であることです。給食会社などに委託したりはせず、栄養士と一緒に献立を考え、入居者がこれまで自宅で食べてきたであろう家庭料理を提供しています。

ドイツにいた時代、専業主婦だった私はなんでも手作りをしたものです。当時は今の日本のように惣菜など売っていなかったので作るしかなかったこともありますが、ドイツ料理もフレンチもイタリアンも和食も作っていました。

お菓子も手作りです。ケーキはもちろん、かりんとうや練り切り、お饅頭などなんでも作りました。今のようにインターネットのない時代です。日本から持っていった料理本で工夫をしたのを覚えています。小麦粉などはソ連でチェルノブイリ原発事故が起きた影響からドイツで手に入る物は危ないと思い、日本から送ってもらっていました。このときに身につけた料理の知識とこだわりは、今に活きています。

余談ですが、ドイツは夫の固定観念も変えてくれました。

夫はもともと「女性が働くこと」に疑問を抱いている人でした。ところがドイツでは職場で活躍している女性がたくさんいます。ドイツ人の友人に、「君の奥さん何しているの?」と聞かれ、「ハウスフラウ（ドイツ語で主婦の意味）だよ」と夫が答えたら、「君の奥さんはハウスフラウか?　それは君がよほどの大金持ちか、奥さんが無能かのどっちかだよね」と言われたそうです。

そのとき夫は「ドイツでは女性も社会で活躍するのが当然」ということを初めて知ったのです。この出来事もあって、夫自身の病気のためとはいえ以前だったらしぶっていたであろうのちの私の再就職にも理解を示してくれました。

調剤薬局で感じた患者の〝異変〟

そんなドイツでの経験と調剤薬局での経験から始めた薬局でしたが、最初はうまくいきませんでした。2年間は経営が軌道に乗らず苦労の連続でした。開局当初はOTC（市販薬）だけの薬局でしたが「このままではつぶれる。処方箋調剤中心の薬局を作らなくては」と考え、東大阪市のクリニックに営業活動を始めました。通い続けて2年目にようやく受けてくれるクリニックが現れ、調剤中心の薬局ができました。

ここで、一気に経営は軌道に乗り始め、その後の医薬分業の追い風もあり、ほぼ2年ごとに東大阪を中心に開局が続きました。

ところが、薬局の店舗数が増えてきた2001年のある日、窓口に薬を取りに来た80代の婦人を見て、「えらいこっちゃ」と思いました。名前は佐藤さん（仮名）といいます。いつもきちんとしている身なりが、この日はなんと、メガネの上からファンデーションを塗っているのです。よく見ると、頭の上のウイッグもただ乗せているだけで落っこちそうです。予兆はありました。このところおぼつかない足取りで頻繁に来局し、何度も同じことを尋ねる佐藤さんを心配していたのです。

私は佐藤さんの見た目には触れずに「佐藤さん、たくさんの薬を持って帰るのは大変ですね。あとで私がお届けしましょう」と声をかけました。実際に自宅に届けてみると驚きました。玄関先から中の様子を見ると、部屋の中が雑然としていて、薬の袋がいくつも置きっぱなしになっていたのです。私は、自分で薬の管理ができなくなっていると直感しました。

そのことを担当医に連絡して事情を説明し、佐藤さんのすべての処方箋をうちの薬局で預かることの許可を得ました。そして、まず置きっぱなしのままで飲んでいない薬を整理して飲んでも問題ないものから順に渡していくようにしました。同時に地域包括支援センターに連絡し、佐藤さんの現状を地方に住む娘さんに知らせるよう伝えました。やがて娘さんが佐藤さんと今後の話し合いをしていると聞き安心はしたものの、このことは私にとっては衝撃的な出来事でした。

必要なのは薬にとどまらない「援助と介護」

薬局の窓口にいると、高齢者の変化がつぶさに分かります。高齢者は、昨日までしっかりしていても、翌日変化することがよくあります。真冬なのに上着も羽織らず素足で来る人がいたり、1日に4～5回も来る人、「もしかしたら栄養が摂れていないのでは」と思うほど痩せ細っている人も訪れたりします。

とにかく佐藤さんの一件以来私たちは、家族と一緒に住んでいる高齢者以上に、独居の方の様子に注意を払うようになったのです。

そして、薬局を訪れる高齢の患者の中には、生活そのものを支えなければならない人もいるという現実を知りました。必要なのは薬にとどまらない「援助と介護」です。それを実現するためには薬局だけではだめで、介護事業所が必要なのだと気づいたのです。

ケアマネージャーの資格も取得しデイサービスを開設

また、ちょうど同じ頃に介護保険制度が施行され、介護で困っている家庭や独居の人に保険制度が適用されるようになりました。同時に医師や薬剤師であればケアマネージャー（介護支援専門員）の受験資格があると知り、私はすぐに取得しました。「薬局は医療」、「介護は生活」というこの両輪で走っていかないと、高齢者や障がい者を支えることはできないと考えたからです。

ケアマネージャーの資格も取り、「これからは、ますます生活援助が必要な高齢者や障がい者が増えてくる。私たちがしないで誰がやる？　私がここでやらねば！」と、ふつふつと情熱が燃えてきました。

同時に、年々体が悪くなっていく夫が身近にいました。すでにリタイヤして毎日を家で過ごしていたのですが、病気もあってただ漫然とテレビを観るか本を読んでいるだけの夫を見て、「夫にはいろいろな方とコミュニケーションをさせたい」と考え、「私がデイサービスをつくれば、それが叶うし、私の手で夫を助けることができる」のではないかと考えたのです。

そして、2004年にデイサービスを開設しました。その翌年には訪問介護も始めました。自宅で「掃除ができない」「食事が作れない」といった声を聞いたからです。

事業がようやく軌道に乗り始めた時期のある日、デイサービスの利用者が帰宅しようとすると突然の豪雨に見舞われました。すると一人が、「ここに泊まっていけたらええのにな」とつぶやいたのです。曇り空から光が差したような気がしました。「この人たちのために施設を作ろう」と思い立ったのです。

日ごと病状が悪化する夫も自宅介護とデイサービスだけではサポートしきれなくなっていたので、私はいよいよ、介護施設の開設に乗りだしたのです。

父の言葉と母の〝わがまま〟に支えられて

時期を同じくして、88歳の母も足を悪くしていました。

母は生涯を専業主婦として過ごした人です。企業戦士だった父の仕事に対しては、心から協力している様子が感じ取れました。そんな母ですが、かなりわがままな性格でした。晩年母を自分の介護施設で世話しているとき、「こんなに熱い汁物は飲めません」、「もっとおいしいご飯を」と、細かく叱られたものです。「なんてわがままな人なのかしら」と辟易することもありました。

しかし、施設を運営していくうえで、母の厳しい言葉がベースになっていることは間違いありません。スタッフに対して「入居者の願望は人それぞれ異なります。もっともっと寄り添ってあげなければその方は決して満足しないのです」と諭す今の私自身の口調が、あの頃の母そのものなのです。父から教わった「人の心を動かすには熱意と誠意が必要」、「強く願った者の勝ち」という人としての生き方と母の〝わがまま〟にはとても感謝しています。

最期までご飯を口から食べさせてあげたい

私は残りの時間が限られた夫と母に、「自分らしい自由な生活を与えてあげたい」と考えていました。そのためには、「病院や既存の施設にだけは入れたくない」、「他人の手ではなく、自分の手で介護をしたい」、そう強く思いました。

入院や既存の施設への入所となれば、ただ安静を強いられ、まだ動けるのに寝たきりになるのではないかと不安でした。そうなれば、いずれ口から食べ物を食べられなくなり、お腹に穴を開けてチューブで直接栄養を流し込む「胃ろう」になるリスクもぐんと上がります。

「最期まで口からご飯を食べさせたい。噛めなくなったって、ペースト状にしてでも、好きな物を食べさせたい」――。やはり口から入るのとそうでないのとでは、本人の満足度も違うはずなのです。

好きな物を好きなだけ食べられて、寝たいときに寝て、起きたいときに起きるという、人として当たり前の、これまでと変わらない暮らしを夫と母に提供できるのは私しかいないと思いました。

質の高いケアを低価格で提供するために

これまでにはない「一人ひとりに寄り添った新しい介護施設」を作るにあたり、まずは事業計画に着手しました。開設場所は夫と母の住み慣れた東大阪市です。

開設するには入居者を30名確保しなければ採算が取れないことが分かっていました。高齢化や過疎化が進む東大阪市なら、介護施設の需要はあると感じていました。そして、なにより私自身もいつでも顔を出せる立地でないといけないので、今ある薬局10店舗の近くに限定して探しました。

「絶対に満室になる。みんな、困ってるんだから」という強い思いがあったのです。

とはいえ、入居の際の一時金に数千万、毎月の使用料は30万以上というような高価格帯の有料老人ホームを作るつもりはまったくありませんでした。

私の施設では、一時金はもらわずに使用料と家賃だけ（自費以外）支払ってもらう仕組みにしようと考えていました。質の高いケアを低価格で提供したいと思っていたのです。言うのは簡単ですが実際は、何人規模の施設にするのか、家賃の設定からスタッフの給料など当然ながら考えなければならないことは山ほどあります。軌道に乗るまで時間がかかる場合があるので、ランニングコストなども考慮すると、簡単にできるものではありません。

55歳での新しい挑戦に周囲からは不安と激励の声

そこで私が導き出した答えが「サービス付き高齢者向け住宅」でした。サービス付き高齢者向け住宅とは、2011年に「高齢者の居住の安定確保に関する法律（高齢者住まい法）」の改正によりつくられた登録制の住宅です。バリアフリー構造の住宅に必要な介護サービスや生活支援サービスを加えることで、高齢者の安心を支えることを目的とした施設です。

制度化されて間もないこともあり、「これなら私にも運営ができるかもしれない」と思い、さっそく事業計画書を送ったところ登録が叶い、施設建築にかかる費用の10%の補助金が出ることになりました。そこで私は意気揚々と各銀行にかけ合いました。

しかし、「昨日今日にできたような制度で本当にできるのか？」と、どの銀行も融資をしてくれませんでした。２０１2年になってようやく一つの銀行が融資すると言ってくれたのです。私は55歳になっていました。支店長はじめ行員のほとんどが反対する中、私の思いに共感してくれた理事長の鶴の一声で融資が決まりました。

数億円という大きな借金を抱えることにはなりましたが、ようやくスタートラインに立つことができました。

50歳を越えて新しい事業にチャレンジするのですから、激励されれば、心配もされるはずです。しかし、まだまだ体力には自信がありましたし、後継ぎにと考えていた27歳の娘も自社で頑張ってくれていたので不安はありませんでした。

入居者は家族と知人、5人だけという1年半

2012年12月、デイサービスも併設したサービス付き高齢者向け住宅として、訪問介護、デイサービスとの連携で「生活に困り事のある高齢者に対応できる介護施設」を作りました。

とにかく、自由な生活を提供できる施設にしたいと思っていました。自分の住んでいたリビングのように過ごせて、散歩に行ったり、家族が来たら外食に出たり、晩酌だってできるし、趣味もおもいっきり楽しんでもらえる住宅です。元気なうちは自由に暮らしてもらい、介護が必要になれば手厚くサポートして、できるだけ今までの自宅での生活を再現することに努めていこうと考えていました。

入居者募集にあたっては、できる限りのマーケットリサーチを行い、あらゆるつてを頼ってダイレクトメールを送ったり、新聞の折込チラシも実施しました。ところが、「今日から開業」という日に、夫と母以外の入居の申し込みはたった3人でした。スタッフは10名採用していたので、最初のうちは毎日が赤字の積み重ねという事態に陥りました。こ

の状態は1年半続き、毎日胃の痛い思いをしました。

銀行の担当者は訪れるたび、「返済は滞っていないけど、人が入っていませんね」と心配していました。

それでも、1年半が過ぎると次から次へと入居者が決まり、すぐに満室となりました。理由はなんてことありません。夫と母とスタッフの家族だけの入居者に、10名の介護スタッフが手厚く世話しているという事態が評判になったのです。

「手作りの料理がおいしいらしい」「自由に過ごさせてくれるらしい」といった口コミが広がり、やがて入居待ちが出るまでになりました。

大切なのは派手なイベントではなく、自宅の再現

介護保険制度の施行以降、介護施設の開設はあとを絶ちません。競争が激しくなるなかで、多くの施設が入居者の満足度を高めるために必死になっています。入居者に満足してもらいたいという気持ちを否定するつもりはないのですが、その手法には首をかしげたくなるものが多いのも事実です。

ある介護付き有料老人ホームでは、有名な歌手を迎えてのクリスマスコンサートだとか、社交ダンスパーティーなど、クルーズ旅行並みのアクティビティを提供しているそうです。実際にそのサービスに接した人に聞くと、「そんなイベントは半年ぐらいで飽きてしまうし、もういい」と返ってきました。

私の施設でも節会の催しものや誕生日会は行いますが、関心のない人にはどうでもいいと感じられるようなイベントはしません。入居者にはなるべく「自分の家にいるような感覚」で自由に過ごしてもらいたいと思っているからです。

先日、ある入居希望者から、大型犬と一緒に入居したいと相談がありました。「この犬と一緒でないと入居しない」と言うのです。私自身犬を飼っていますから入居希望者の気持ちはよく分かります。ただ犬が職員になついてくれるのかが分からなかったので、何度も犬の面接に足を運びました。幸い穏やかな犬だったので受け入れることにしました。スタッフが加減しながら施設内で遊ばせたこともあって、3カ月くらい経った頃にはその犬はすっかり入居者たちになついてアイドル犬になっていました。

この入居者のように、一見わがままのように思えることでも、その人にとっては切実な願いである場合があります。ですから頭ごなしに拒否はせずに話をよく聞いて、入居者の願いはなるべくなら叶える方向で考えていきます。どう考えても難しいことは「そうなるといいですね」と完全に否定しないでやんわりと諦めてもらうようにしています。

一人ひとりに寄り添うためには医療と介護の連携が不可欠

私の施設では、よほどのトラブルが起きたり専門医療が必要になったりしない限り、最期のときまでこの施設で過ごしてほしいという気持ちで幅広い対応をしています。

ですから、医療介護度の高い方も受け入れられるように、提携先の医師と連携を密にしながら、入居者にアプローチしています。

人間が高齢になっても幸せに生きていくためには「医療と介護の連携」が不可欠です。

その実現のためには、介護施設と医師だけではなく、薬局もケアプランセンターも訪問介護・看護も必要です。それらが一体となって一人ひとりに寄り添うことが、本当の介護だと思うのです。

［第2章］

「薬は減らそう。塩分なんか気にしなくていい」入居者が殺到する〝非常識〟な介護施設

人間が口から入れるのは食べ物と薬だけ

人間は食べる物と薬しか口に入れません。ということは、いかにきちんと食事を摂るか、薬を正しく服用するかに「よりよく生きる」ポイントが集約されているのです。

私は2012年に介護施設を始める以前は、1997年に薬局の開局、2004年にデイサービス、翌年に訪問介護を始めました。これらの経験から、「食べ物」と「薬」に焦点を当てていかなければ、「QOLは上がっていかないし、長生きもできない」とのこだわりをもつようになりました。

そのため、薬局ではお薬手帳に薬歴を記すほかに、些細なことでも書き留めるようにしています。

例えば、処方薬を渡す際には、「お加減いかがですか?」「血圧は変わっていないですか?」と聞くほかに、「そのお薬を飲んでどうでしたか?」「食欲はどうですか?」などと聞きます。さらに、「コロナ禍で食べ過ぎてはいないですか?」「体重は増えていないですか?」なども合わせて聞いています。

糖尿病の人なら「お酒は控えていらっしゃいますか?」、一人暮らしの人には「きちんと毎食食べていらっしゃいますか?」、「スープだけしか飲めないのですか?」などをさりげなく聞きます。

「利用者ノート」にも食事と投薬を記録

デイサービスや訪問介護、介護施設でも同様です。利用者のノートに、投薬記録のほか、投薬の時間、食べた物、食事での様子や食欲など細かい「変化」を書いていきます。「小さな変化を見逃さない」ことが、患者や利用者を見守ることの肝であり、なによりも健康で長生きする秘訣だと考えるからです。また、その方の病状を知っていればこそ、よりよい食事のアドバイスなどもできます。

初診の人、初めてデイサービスや施設に来た人であれば、「神経質な人だったのか」や「おおらかな人だったのか」などの性格も記録します。また、いつも夫と一緒であればそれも記し、夫が亡くなったのならそれらも記します。

そのあたりを薬剤師と介護スタッフ全員が共有していることが大切です。

余計なことと思われるかもしれませんが、「食べ物」と「薬」について押さえていれば、どのような生活援助がベストなのかも見えてきます。

つまり、会話が大事な情報源になってくるのです。患者や利用者の周辺情報を事細かく記録して、次のケアにつなげることが重要です。

薬剤師なら落ちている薬も誰のものか分かる

朝昼晩の食事の前後には、入居者は食堂で薬を服用しますが、自立できる方でも薬を床に落としてしまうことがあります。薬が床に落ちていた場合、誰の物か、薬剤師であれば刻印で薬の名前を見れば分かりますし、介護スタッフもお薬手帳を見ればすぐに分かります。

もし、入居者が薬を落として見つからなくなってしまったら、「この人はこの薬を飲まねば悪い反応が出るのか」、「飲み損ねてもいい薬なのか」なども、お薬手帳を見て薬剤師が指示を出します。

例えば、昼食後の薬を一粒飲み忘れてしまうことは、誰にでもよくあることです。私のデイサービスでも、昼食後の薬を持ってくるのを忘れてしまう人がいます。そのようなときも「これは絶対飲まねばいけないものなのか」「飲み損ねて大丈夫なのか」「4時にご自宅にお帰りになってからでも大丈夫なのか」などを薬剤師に判断を仰ぎます。どうしても分からないときは、かかりつけ医に聞いて判断し、ときには「絶対飲まねばいけないもの」であれば、薬を手配することもあります。

「そこまでするの?」という声もありそうですが、薬というのは飲まないことが危険になることもあります。また、薬の効果を発揮するためには、適した服用時間と量を守ることが大切なのです。これは副作用を最小限に抑えることにもつながります。

このとき、介護従事者にとって大切なことは、「薬に対しての情報をもち得て、共有できているか」なのです。例えば、介護従事者が「糖尿病の方やパーキンソン病の方は絶対に飲まねば命にかかわる薬がある」という知識をもっているか否かなのです。

ですから、「服薬忘れが起きないように」と、服薬が「食前なのか」「食後なのか」についても厳しく注意喚起し、薬の管理をしています。

当デイサービスに来る方も、施設入居者も、薬を飲んでいない高齢者はまずいませんし、病気を抱えていない高齢者はいません。

「たかが一粒の薬、されど一粒の薬」であることを肝に銘じて、対応しています。

高齢者の体は、気温や食べた物、そして薬にも敏感です。変化に対して私たちは観察する目をもつことです。これは、介護をするうえで次のケアにつなげていく心得としてもっておきたいことです。

「薬でボーッとしてもらったほうがラク」は間違い

薬によっては、副作用によって日中ボーッとしてしまう高齢者がいます。しかし、徘徊してしまったり、暴れ回ったり、手がかかってしまうぐらいであれば、そのほうが介護スタッフにとって「ラク」といった考えすらあります。

しかし、それはあきらかに間違いです。高齢者が薬でボーッとなっているということは、薬による負担がかかっているかもしれないSOSのサインですから、薬を減らしていく方向にシフトせねばなりません。

2種類以上の薬を飲む場合、組み合わせによっては作用が強く出すぎたり、逆に効果がなくなったり、場合によっては副作用が出やすくなったりすることがあります。

感染症にかかって、抗生物質を処方された場合などがそうです。もちろん、薬の種類にもよりますが、すでに副鼻腔炎などで長期に抗生物質を飲んでいて、倦怠感が出ている場合であれば、もしかしたら、耐性ができているかもしれないので別の薬にしたほうが良いこともあります。

そもそも、今の80代半ば～90代の高齢者は、昔、抗生物質など飲んでいなかった人のほうが多いので、過剰に効いてしまう場合があります。薬の反応は予後観察をしながら見守っていかないといけないのです。

グレープフルーツと納豆を提供しない理由

副作用は、薬と食べ物の組み合わせでも起こることがあるので、多くの介護施設でも気をつけていると思います。

グレープフルーツや納豆は危険リスクが高いので提供しない方が良いと考え、私の施設では絶対に出しません。

例えば高血圧薬であるカルシウム拮抗薬と一緒にグレープフルーツを摂取すると、薬の作用が増強して血圧が下がり過ぎ、心拍数が増えることがあります。また頭痛、ふらつき、顔がほてるなどの副作用が出やすくなることもあります。

ほかにも、心臓の薬を飲んでいる人へは納豆を提供しません。納豆に含まれる納豆菌は、少量でも腸の中でビタミンKを作り出しワーファリン（血栓や塞栓の治療薬）の作用を妨げてしまいます。納豆を食べると、ビタミンKの働きをワーファリンでせっかく止めていたのに、納豆菌があとからどんどんビタミンKを作り出してしまい、ワーファリンの効き目が悪くなってしまうのです。

そのほかにも、牛乳などのカルシウムの多い乳製品にも注意が必要です。一部の抗生物質を一緒に服用すると薬の成分が牛乳のカルシウムと結合してしまい、薬の吸収を低下させてしまい効果が弱まることがあります。牛乳や乳製品を摂りたい場合には薬を飲む時間を2時間程度ずらせば大丈夫ということを知識としてもっておくべきです。

入居者が「薬を飲まない」と言い出したら……

当施設には薬局を併設しており、薬剤師も一人ひとりについて薬を管理していますので、飲み忘れることはありません。ただ、入居者が首を振って「飲まない」と言ったら、どこか調子が悪いのかもしれないので要注意です。そんなときは、無理矢理飲ませるようなことはしません。2時間経った頃、気分を変えて飲んでもらうように誘導していきます。そのような判断も、薬剤師が付いているからできることです。

また、仮に、食事中に「お隣同士で薬を飲み間違えた」などと誤って飲ませてしまうことも100％ないことではありません。

その場合でも薬剤師が付いていれば瞬時に判断します。「この薬だったら大丈夫」というときもありますが、医師に連絡を取り胃洗浄など指示を仰ぐこともあります。誤飲は起きないことではないので、常に危機管理をしておくことが重要なのです。

下痢になっても下痢止めは飲ませない

日常生活で高齢者に多いのが下痢と便秘で、これらは侮れません。高齢者は虚弱なので、下痢をしたら水分と一緒に栄養分も排出してしまいます。

下痢の人が発生すると、まずほかにも下痢症状の人がいないかどうかを確認します。もし複数人が同時に下痢症状を訴えている場合はウイルス性の下痢（ノロウイルスなど）を疑います。また、職員の健康状態を確認して職員に原因がないかどうかも確認します。

私の施設では、これまで感染症の下痢を発症した入居者はいません。たいていの場合、入居者の手からなんらかの条件がそろって菌が口から入ったのではと推測しています。

下痢症状の人が出たら普通の介護では、すぐに下痢止めを飲んでもらいます。もちろん、いち早く下痢を止めることが大切ですが、私の施設では安易に下痢止めの薬を服用させることはやめています。

まず、下痢症状で栄養素が出てしまっているので、食事の際におかゆなど消化器官に優しいものを提供し、同時に整腸剤を飲ませます。そして、水分を十分補給して下痢を止めていきます。

このときの水分補給に使うのは、経口補水液です。下痢のときは脱水を防ぐのが大切だからです。いずれにせよ、早めに気づいて早めに判断、早めの処置をしていきます。そうするとだいたい2～3日で治っていきます。

便秘は下痢よりもリスクが高い

やはり、高齢になると便意が鈍くなるのと、いきめないので便秘になりがちです。

排便コントロールは薬に頼ることが多いのですが、入居者が便秘になってしまったら、なるべく最初は水分補給と整腸剤で様子を診ます。あまり時間が経ち過ぎると便が固くなり過ぎて出てきませんので、出なくなってから薬を服用するのではなく、日ごろから適切な薬を適量服用することでコントロールするのがよいと考えています。

その際は医師より指示をもらったり、看護師に浣腸をしてもらったりしますが、慢性便秘になってしまったら対策を講じます。

以前便秘のエキスパートの医師に尋ねて解決策を練りました。慢性便秘は高齢者の病気であるといっても過言ではないものです。「50代までは女性に多く見られますが60代以上では男性の患者が増えてきて、80代以上になると男女が逆転し、男性の方が多くなります」とのことでした。

医師が診るポイントは患者の慢性便秘が「排便回数の減少」と「排便困難症」のどちらにあたるのかということです。

一般的に私たちが慢性便秘と考えるのは「排便回数の減少」だと思いますが、「排便困難症」に苦しむ高齢者もとても多いそうです。さらに、便秘の背後には大腸がんが隠れている可能性があるので注意が必要です。

今まで便秘ではなかったのにここ1年で便秘になったという高齢者は一度検査をしたほうがいいです。医師いわく、「我々の病院でも便秘の症状で来院された患者に、進行型の大腸がんが発見されたことがあります。肝臓に転移していたケースもありました。大腸がんの患者はよほど進行しないと便秘以外に症状がありません。一度は医療機関に行って、内視鏡検査をするのがいいと思います」とのことでした。命に関わる便秘もあるのです。

市販の便秘薬を使っているという人もいるかもしれませんが、注意点があるのです。市販薬には非常に習慣性が高く、依存性が強い薬もあります。その薬がないと腸が動かず、排便できなくなる罠にはまってしまう方がいます。便秘薬は適切な使い方が重要です。当施設では、慢性便秘の方は主治医に相談して指示を仰ぎますが、心配な場合は医療機関を受診したほうがいいといえます。

「朝起きたらまずうがい」を習慣化

毎日の習慣として行う歯磨きなど口腔ケアの目的は、口の中を清潔にするだけでなく、歯や口の疾患を予防し、口腔の機能を維持することにあります。それは、口の健康を守るだけではなく、全身の健康を守ることにもつながっていくからです。

特に、高齢者は口に溜まった雑菌を出さないと、夜中に誤嚥して肺炎のきっかけになる場合もあります。

まず朝起きたらうがい液でのうがいを全員行います。夜は、入れ歯を洗浄液に入れて就寝し、朝は洗浄液から取り出して洗って清潔な物を口に入れます。寝る前は丁寧に歯を磨いて寝ます。これらは、自立できる人は自分で行い、援助が必要な方には介護スタッフが行います。

寝る前の歯磨きを嫌がる人や、入れ歯を外したくないという人もいますが、時間をかけてでも、歯を清潔にしてから寝てもらいます。

歯科専門書の『在宅要介護高齢者の介護者の口腔ケアへの認識』によると、「口腔ケアを行ってるのは46％」「行ってないとの答えが54％」です。また、「口の中が不衛生だと誤嚥性肺炎になることを知っていると答えたのが38％」、「知らないと答えたのが62％」でした。介護する人たちの口腔ケアへの認識は必ずしも十分ではないことが分かります。介護施設では、口腔ケアの重要性を共通認識として徹底していくことが重要です。

「健康で長生き」の秘訣はおいしい食事

入居者は80代後半から100歳越えもいますが、皆さん健康です。その理由の一つとして推測できることは、若い頃「いいもの」を食べていたのではないかということです。「いいもの」というのは高価な物ということではなく、子ども時代から無農薬の畑で作られた旬の野菜や、添加物のない物という意味です。化学肥料も使用しておらず、まさに青虫が付いているようなキャベツなどを食べてきた方々です。

私をはじめ戦後に育った者は、農薬の付いた野菜も食べていますし、高度成長期にいろいろな加工食品や添加物が出てきましたから、それらが体に蓄積されている可能性があります。それに対し、80代～90代の方々は本来健康体なのです。毎日の食べ物に気をつけていけば、健康を維持でき、長生きするはずです。

食べる物がおいしいと、入居者は一目瞭然、笑顔でご機嫌になります。モリモリ食べると元気が出てきますから、自立して動き自分のやりたい趣味をしている人も多いです。

国産、無農薬の食材で全部手作り

高齢者が昔食べていた〝いいもの〟にならって、私の施設でも食材はすべて国産にこだわり、野菜は無農薬のものを使用しています。

体をつくるのは毎日の食べ物しかないのだから、食べることはもっとも大切です。おいしく食べることはもちろんですが、季節のもの、新鮮なもの、その土地で穫れたもの、作りたてのものにこだわっています。そのため、私自身が厨房に立って料理をこしらえる日もあります。簡単・便利・スピードが料理にも求められる時代とは真逆のことをしているのかもしれません。

食材選び、野菜の切り方から火の入れ方、だしのひき方など、一つひとつ主婦歴の長い調理師と相談し合いながら作っています。

ごぼうやれんこんなど、固くて高齢者が嚙み切れないものはスープなどにし、その風味を味わってもらいます。

時々入居者の皆さんから食べたいメニューのリクエストがあるので、そのような声があればさっそく栄養士にオーダーします。

私の施設では、具合が悪い方の看護や介護もしていますから、皆が喜ぶ料理を作ることは、インスタントにできることではありません。満足するものを作るには、どうしたって手間がかかるのです。

私たち介護する側は、高齢者や障がいをもった人と共に暮らし、「命を全うすることは簡単ではない」ということや生きることの大変さを学びながら、手のかかることを当たり前のこととしてやっています。

認知症の方だっておいしいのは分かる

以前、特別養護老人ホームのショートステイを体験した人から聞きました。食事は、毎食ビニールパウチに入ったものを温めてお皿に入れるだけだったと――。その人は初期の認知症でしたが、「こういったものは食べたくない」とはっきり話されていたのが印象的でした。

つまり、認知症の方は「分かっていないわけではない」のです。私の施設でも、重度の認知症の方でもおいしいものを食べれば、「おいしい」と笑顔になりますし、機嫌が良くなります。

それまでどんよりしていた人も、表情が和らぐのです。おいしいことは脳が「おいしい」と反応しているはずなのです。

認知症の影響で介護士を殴る蹴るといった問題行動のある高齢者も、「甘いコーヒーをどうぞ」とカップを手渡すと、一口飲んで、大きく「はーっ」と声を出して、なんともいえぬ笑顔で私を見つめてくれました。そして、「おいしいね、ありがとう」と言うのです。

糖尿病でも高血圧でもおいしく食べる

入居時に、「糖尿病食を作っていただけるのですか?」「高血圧なんです」「腎臓病食はあるのですか?」と質問がありますが、当施設では糖尿病の人にも高血圧の人にも普通のものを食べてもらっています。

私の施設では、認知症をもっていても、少し病気があっても、介護職員が手助けすれば普通の生活ができ、普通の家庭料理を食べられる人を受け入れています。

なるべく、「気にしないで好きなものを食べてほしい」というのが方針です。ただし、普通食が食べられなくなった人にはブレンダー食にします。その際には、一品ずつ味が分かるようなブレンダーにしています。

もちろん、栄養のあるバランスの取れた食事をするために、栄養士がしっかり管理をして献立を作っています。栄養素は一つひとつが別々に働くわけではなく互いが影響し合って働きます。ですから、なにか一つの栄養素をたくさん摂ったりするのではなく、バランスの良い食事を大切にしています。

あとは、なるべく食事の時間を「ワクワクする」時間にするための工夫をしています。普段は一汁三菜の家庭料理が中心ですが、彩りの工夫をしたり、食感にバリエーションをつけ、時々ワクワクする家庭料理を盛り込みます。「大きなハンバーグ」であったり、「エビフライ」だったり、「マカロニグラタン」だったりするのですが、昭和初期にあった憧れのメニューを組み込むようにするのです。

そのためにも、入居者にとっての「ご馳走感」を、時々会話の中から探りあてます。ある人は「てんぷら」だったり、ある人は「すきやき」だったり「ビーフステーキ」や「カツレツ」だったりしますので、「今日は少しご馳走ね」と言ってワクワク感を助長して食べられるような食事を心がけています。

味覚というのは、いかに五感で感じるかが大切

高齢者は、実は肉が好きな人が多いのです。日曜日にステーキランチを楽しむこともあります。

塊のステーキ肉を準備して、目の前で切り、「今から焼きますよー」と言いながらホッ

トプレートでジュージューと音をさせて焼いていきます。少しずつ焼き上がっていくのを見ながら、ワクワクして待ちわびてから食べるのです。

普段、歯が悪くて「噛めない」と言う人も、なぜか、ステーキランチの日はすすんで笑顔で食べるのですから不思議です。

ステーキランチもそうですが、お正月にはおせち料理を楽しんでもらいたいので、年の暮れから仕込んで腕によりをかけた豪華なおせち料理を作ります。30種類以上のお料理を出しますので、1回お重が空になったら、また別の種類のおせちを入れます。入居者はとても喜んで食べます。

また、お正月用には毎年、明石の魚屋から尾頭付きの睨み鯛が届きますので、皆さんの前に出します。

しきたりによっては、「縁起ものとして三が日は箸を付けずに飾っておく」といわれていますが、当施設では待ちきれずに、「2日間睨んだので終わりにしましょう」と言って、3日目に鯛茶漬けにして皆で食べます。「昨日の鯛がこうなりました」と話すと、食欲がそそられるのか、機嫌よく2杯も3杯もおかわりする人が大勢いるほどです。

厨房の腕と私の意識を上げた「母のわがまま」

施設を開設したばかりの頃、入居者は母と夫、社員の家族2名、近所の方1名だけでした。同居している母は強烈なわがままで、どうしたものかと悩みました。

この母、実は、兄が最初は面倒を見ていましたが、どの施設でも断られたほどのわがままぶりだったそうです。案の定、私の施設に入居しても、「このご飯はおいしくない」から始まり、「スープが熱い」など気丈な声が響いてはことごとく叱られました。スープは温かいものを飲ませたいと思ったので器も温めたのが良くなかったのです。

「あんたが親切心で器を温めたとしても、私にとっては器が温かい必要はないし、熱過ぎる。頃合いを計って持って来なさい」とバシッと言われました。

そのほかにも、「手を上げたらすぐに来てちょうだい」「もっと優しくして」など……。

そのときは、母のわがままに手を焼きましたが、今となれば、この強烈な要求に応えていくことが、当施設のサービスのベースをつくっていくことになったので教訓になっています。

母は施設ができて約1年半後に亡くなりましたが、感謝しています。

利用者一人ひとりに薬剤師

漫然と薬を飲ませるのは簡単ですが、それでは意味がありません。「この薬でこの方の血圧は安定しているだろうか」、「この薬で糖尿病は悪化していないだろうか」、「この薬でよく眠れているだろうか」など常に飲まれたあとの体の変化を観察するのです。

もちろん、慢性疾患の場合で大きな変化が出ない人もたくさんいます。それでも、ちょっとした変化を見逃さずにケアするのが私たちの仕事なのです。

特に、新しい薬に変更したときは注意が必要です。副作用がないかどうか確認し、もし変化があったらすぐに主治医に知らせます。

そのほか、高齢者は「風邪をひいた」、「膀胱炎になった」などの病気にかかりやすいのです。すると、通常の薬に加えて風邪薬や抗生物質が処方されるはずです。追加で薬を飲むときこそ、体調の変化がないかどうか気を配ります。

今、医療に強い介護施設が人気です。それは医師や看護師が常駐して何かあった際にすぐ対応できるからです。

私の施設でも医師による連携をしているほか、利用者一人ひとりに薬剤師が付いており、薬を正しく服用できているか、バランスの取れた食事をしているかを見守ることも重要視しています。なぜならば、高齢者は自分ではなかなか体調変化を表現できないことが多いからです。

薬と食べ物の管理をし、小さな変化を見逃さずに活動をしていくことは、なかなか目に見えないサービスですが、そういったことが高齢者の健康維持につながっている重要なファクターだと考えています。

「眠れないから睡眠薬」には工夫が必要

高齢者は夜なかなか眠れないものです。眠れない人が睡眠薬を服用することについてはどこの施設でも奨励していると思います。

ただし、「寝かせるために服用させる」というのとは少し異なり、私の施設では服用する時間を工夫しています。睡眠導入剤も、「短時間型」、「中時間型」、「長時間型」があります。

まず、「短時間型」でも服用して寝入ることができれば、体力がない分、よく寝られます。それで朝4~5時くらいまで寝入ることができれば十分と考えます。

また、飲む時間を1時間ずらすことで4時に起きていた人が6時になる場合があります。できるだけ、熟睡できる時間を朝方までつなぐためには、何時に飲ませるか、人それぞれ違います。タイミングがあるので、何回でも試してみます。

うまくいく人もいれば、うまくいかない人もいますし、一人ひとり服用している薬が違いますが、検討してみることが大切です。さらに不安で眠れないという人が精神安定剤を服用されるのも「寝かせるために服用させる」のではないということです。

薬にも限度があって、「そこまで飲ませたらだめだ」、「それは多い」というものがありますので、何をどれだけ飲ませるかが重要です。医師に相談して一人ずつの生活のパターンを鑑みながら工夫していくのが良いと思われます。

ある女性は自称「不安神経症」で夜もなかなか寝付けない日が多く、コールが頻繁でした。若い頃から働いてきた人なので、お酒も好きと聞いていました。

その日も30分おきくらいにコールが鳴るので、「酒盛り」にお誘いしてノンアルコールビールで乾杯しました。その人は「こんなことしていいの?」と言いながらもノンアルコールビールを飲まれたら「ああ、おいしいなあ」と言い、心からの笑顔を見せました。しばらく談笑して部屋に見送りましたが、私にとっても深夜の楽しい思い出になりました。

病気が改善しないのは薬のせいかも

病気が改善しなかったり、悪化したりする原因に薬をきちんと飲めていないことが挙げられます。

まず、あってはならないことですが、誤薬です。介護施設などで誤薬を防げるかどうかは、薬剤師と介護ヘルパーとの情報共有にかかっています。私の施設では処方薬が正しいか否か、また私の薬局の処方薬でない場合は、出した薬局に連絡をして確認します。

次に、薬の飲み方が分からなくなっている高齢者も病気が改善しません。

その場合は、飲みやすくする工夫を薬剤師と介護スタッフで考えます。例えば、「一包化」して飲みやすくします。「一包化」とは、服用のタイミングが同じ薬や一回に何種類かの錠剤を服用する場合などに、それらをまとめて1袋にすることです。これによって飲み間違いや錠剤の紛失がなくなります。

それでも飲めないという人がいたら、カレンダーに貼るなどします。

これらは、当施設のケアマネージャーだけでなく、地域のケアマネージャーとも連携を取って、薬歴に記載をします。飲み方が分からなくなっている高齢者がいたら担当ケアマネージャーに連絡します。

もし、ケアマネージャーが不明だった場合は、住んでいる地域包括支援センター等につなぎ、何らかの手段で救済することができます。

これは、忙し過ぎる薬局やデイサービス、施設ではなかなかできることではありませんが、病気を改善するためにも支援していきたいことです。

どんどん減薬をして身軽に

減薬をしていくと、診療報酬は減っていきます。それでも私の施設では半分くらいに減薬することもあります。

減薬のタイミングは、施設入居時がいちばん良いと考えています。入居者は、今まで服用していた薬を持ってきます。内容は医師の指示通りですから、一方的に薬剤師から減らすことはできません。ただ、重なっている薬も多いので、私の施設では、まず薬剤師が「胃薬が2種類も3種類もありますね。こんなにいらないと思うので、どれかひとつにできないでしょうか？」と医師に提案をし、薬の数を減らすことを相談します。

例えば、何カ所も病院を変えている人は、最初に処方された医師の処方のまま現在まで申し送り申し送りで増えていっている人も少なくありません。

よくあるパターンは、患者が「重い病気になったときに、投薬を考え直す」のですが、それでは遅いのです。

もちろん、処方権は医師にあります。なかなか薬剤師からは言いにくい問題でもあるのですが、例えば、耳鼻科で抗生剤が出ているのに、歯科からも抗生剤が出ている場合があります。患者が耳鼻科にもかかっていることを知らないからです。私の施設でそういうことが起こった場合は、施設の主治医が「抗生剤が耳鼻科からも歯科からも出ているなら、こっちの抗生剤を飲むのはやめておこう」と判断します。しかし、施設の主治医ではなく大学病院などに通っている入居者の場合は、薬の見直しがされていなかったり薬の重複があることもあったりするので、私たち薬剤師が注意しておくことが大切です。

こうやって、少しずつ少しずつ、減薬の方向にもっていくことで、入居者の様子の変化を観察します。薬の管理は毎日の細やかなコミュニケーションが鍵になりますので、目に見えることではありません。これまでの長年の薬剤師経験から、複数の薬を減薬していくことでその方の負担が少なくなり、その分、食べ物がおいしく食べられ健康になっていった例をたくさん見ています。だから、減薬の有用性について自信をもって伝えられるのです。

ドクターは薬剤師の提案を嫌う

先日、入居者の褥瘡があったので、その人の主治医が来たときに相談しました。すると、内科の先生のため皮膚の病気についてはあまり詳しくないことが分かりました。

もちろん、初めは分かる範囲で主治医も対処してくれていましたが、回復までもっていくためには皮膚科受診が必要だと感じた私は、主治医に「皮膚科に見せましょうか?」と提案しました。

医師によっては薬剤師の提案を嫌う人もいます。しかし、褥瘡などは介護をやっているからこそ分かる部分がありますから、専門医にお願いするかの判断をするのも私たちの役目です。

そのほか、薬剤師は処方箋の疑問も発見します。例えば、処方箋を預かって「あれ、この薬とこの薬は同じ作用だけど、一緒に飲んでいいのかな?」ということがあります。処方権は医師にあるので、疑義照会というプロセスを通して医師に確認を取ります。

その際の医師への伝え方が重要です。

「この薬とこの薬は、作用がかぶっているように思えるのですけど、どういたしましょう?」と医師に投げかけをします。すると、医師は、「かまわない、そのままにして」と言う場合もあるし、「気がつかなかった、片方は省いておいて」という場合もあります。

そのようなことがあった場合も薬剤師は、医師と患者の信頼関係を損なわないように配慮します。

こういった疑義に関する照会は薬剤師の知識がなかったらできないことです。

医療に強い介護グループを形成する

私の施設ではグループ内に病院をもたず、看護師が常駐し、地域の医師会との連携で介護を必要とする人を見守っています。

医療法人と組まずとも、地域の医師たちと協同すれば介護施設として機能していけます。むしろ、病院をもたないからこそ、多くの専門医の先生方（皮膚科、眼科、耳鼻科、歯医者など）と地域の中で連携ができることが強みになっています。

基本的には2週間に1回主治医が往診に来ますが、待ってはいられないような変化が入居者にあった場合は、看護師の判断で医師に電話し、来てもらいます。

高齢者の場合は、便秘や下痢もそうですが急に食事がのどを通らず食欲がなくなることがあります。そういうときは何か体調の変化が起きているサインです。

熱はないか、血圧はどうか、便はいつ出たのか、お腹が硬くなっていないか、なぜ元気がないのかなどを探り、良くならない場合は医師を呼びます。医師によっては血液検査をし、炎症反応があるかどうかを調べることもあります。炎症反応が出たら、肺炎か何かが起きているかもしれません。

高齢者は変化が速く、昨日まで元気だったのに急激に変化が出ることがあるので注意し、なるべく早い処置ができるように医師につなげることが肝心です。

［第3章］

「入居者が喜ぶことだけ考えていればいい」スタッフがいきいきと働くたった一つの教育

家庭での介護が難しい入居者を看る

高齢者の家族が私の施設を見つけて、「うちの両親を預かってくれませんか?」と連絡をしてくることもよくあります。まずは面談し、入居予定の高齢者の様子を見て、24時間専門医療が必要でない限りは受け入れます。

また、家の中でつまずいて病院で手術したものの、家に帰っても家庭で介護ができないという人の入居も多いです。

そのほかには、脳出血で半身が動かなくなってしまったり、認知症になったりしても、家に置いて仕事に出られないということで施設を探されている場合も多いです。

高齢者に何かが起きると、どうしたらいいのかが分からず家族の大問題になります。そのようなとき、私たちが役に立てればと思っています。

私の施設では入居者の平均年齢が90代半ばと、長生きする人が多いのです。そこには、「薬と食べ物のこだわり」と「何か体に変化があったら、すぐに気がついて処置をして食い止めている」ことが理由としてあるのではないかと思っています。

「変化を見逃さない」といういい意味での「おせっかい」がこの施設にはあるのです。

家族の手に負えない入居者が回復して長生きに

施設を開設して間もない頃、重篤なパーキンソン病の患者が入居しました。家族は「母の1人暮らしがあまりにも危なっかしくて心配なんです」と疲れ果てていました。医師からは余命2年くらいと宣告があったそうです。

ところがその人は今年で入居から9年目を迎えます。家族は、「母は十分生きることができて本当に感謝しかありません。あのとき余命2年と言われたのに……。小林さんたちのおかげです」と涙ぐんでいました。

もちろん私たちの努力だけでなく、入居者の生命力があってこそです。しかし、不思議なことに当施設に入居する人は、初めは具合が悪くても生活をしていくうちになぜか元気になります。

その理由の一つとして考えられるのは、当施設（デイサービス含む）では、理学療法士など専門家によるリハビリテーションを行わず、「生活リハ」といって、むしろ毎日の生活の中で体を動かすことを重要視している点です。

リハビリを希望する人には、その人のためだけに専門家を呼びますし、リハビリには証明されているエビデンスもありますから否定はしません。しかし、私たちは「生活リハ」として、「こちらの椅子に移動しましょう」と言ったり、「一つ遠いお手洗いまで歩きましょう」と、生活に必要な動作や行動を意図的にたくさんしてもらいます。また、自分でできることは自分でしていただきます。そのほかにも、デイサービスの時間に歌いながら「両手を交互に上げてみましょう」「座ったままで大丈夫やから足をぶらぶらさせてみましょう」などの簡単なストレッチを兼ねた体操をするのですが、このように都度都度声をかけて体を動かすことが、高齢者の身体能力維持に効果があると感じています。

できる限り自立できるように常に働きかけをしていくと、入居したときには歩けなかった人も歩けるようになっていきます。このとき大事なことは、見守りながら頻繁に声をかけていくことです。なるべく自分の手や足を使ってもらうことで、運動機能は復活していきます。それはデイサービスと施設運営の17年間で感じていることです。

「私があの人だったら何をしてほしいか」だけを考える

入居者のなかには脳梗塞や脳出血の後遺症などで体を動かしたくとも半身が動かせないため、何も言えずに待っている人がいます。食堂の中に大勢がいるようなときは、「あの人は、本当のところ、どうしてほしいと思っているか？」と、それぞれの入居者に目配りを欠かさないように介助をします。

大切なことは、「介護者目線で仕事をしない」ということです。介護者目線でいると、「次にこれやって、その次はこれやって」と目の前の作業を優先してしまいます。すると「こうやったほうが便利だから」というケアになっていきがちです。

例えば入居者を食堂に連れてきたら「手を洗って、食事を運んで、食べる手伝いをする」というのが通常のプロセスでしょう。

私の施設でも一連のプロセスはあるものの「何か今日は箸が進んでないよ、どうしたんやろう」などとその人の様子に注目します。そして「この人は何をしてほしいのか」という視点をもち「自分だったらどうしてほしいか」と置き換えてみます。

介護スタッフにとって「業務優先」で仕事をするのではなく「自分だったらどうしてほしいか」といった意識で仕事をしていくのは、初めは戸惑いがあるかもしれません。「次から次へとやることがあるのだから、淡々とこなしていくのが介護スタッフというものでは」と言われるかもしれません。

しかし、本来はどこの施設でも画一的なケアではなく、入居者の思いを大切にし、入居者の生きがいややりがい、張り合いのある生活を目指していたはずです。それが、人手が足りなかったり、時間がなかったりしていつの間にか業務に追われて、入居者が何かしようとしても「だめ。何もしないで!」「こっちでやるから!」と自立を拒んでしまい、流れ作業にならざるを得なくなります。どうしたって一日の時間の流れで動くシフト業務になりますし、シフトの中で役割や業務が決まっています。また、問題意識があってもスタッフ同士で意見を言い合うなどできていないことが多いものです。

それでも、どんなときも入居者の立場に立つことが第一です。常に「もし私だったらどうしてほしいと思うか?」を考えるようにします。そう考えて一人ひとりに接することで、かゆいところに手が届く介護ができるのです。入居者の要望をできるだけ早く叶えることは、サービス過剰ではなく、むしろトラブルを未然に防ぐことでもあるのです。

この考えに至ったのは、私自身が介護施設の経営者である以前に、夫の介護をする一人の利用者であったということがあります。これも大きな気づきにつながっていると思います。

画一的ケアから、「願いを叶えるケア」へ

「介護者目線」ではなく「利用者目線」の介護はそう簡単なことではありません。堅い話になってしまいますが、介護現場でのマネジメントは、経営者であり施設長である私自身が、何を意識しながら働いているかを体現していくことです。つまり「企業理念」を従業員に分かってもらうことなのです。

企業理念とは、企業がどういう価値観をもち、どういう存在理由のもとで、どういう目的をもって進んでいくかということを表現したものです。言い換えれば、会社の考えそのものでもあり、従業員が行動するときの指針となるものです。一般企業でも、毎朝唱和するところもあります。

難しいのは、医療や介護の現場で働く人は奉仕の気持ちで仕事をしているので、企業理

念よりも職務を全うすることが最優先であるという点です。だからこそ私はいつも従業員に企業理念を噛みくだいてこう話します。

「私たちは『人生のサポーター』になりましょう。病気のときも元気なときも、家族ではないけれど、家族にいちばん近い人としていつもそばにいて、人生の応援団として伴走者になっていきましょう」

決して唱和もしないし、施設のどこかに貼っているわけでもありません。私自身がこの理念を意識し、ことあるごとに言葉にして浸透させています。そしてこの理念を「目配り」、「気配り」「変化を見逃さない」といった行動で表現します。

例えば入居者の表情から「なんだか今日は覇気がないな」とか「笑顔がないな」と感じたら「もしかしたら微熱があるのかも」とおでこを触り、脈を診ます。不調が事前に分かればなんでも先回りできます。むしろ労力はかからないのです。

「目配り」「気配り」「変化を見逃さない」には30人の入居者がいたら30通りのものがあり、入居者それぞれに心地よさのポイントも違います。それを把握していくことが、「一人ひとりの願いを叶えるケア」につながっていきます。

「ブルーハワイを飲みながらフラダンスをもう一度……」を叶える

「一人ひとりの願いを叶える」といえばこんなことがありました。私の施設では毎年、七夕前には短冊に願いを書いて笹に飾っているのですが、木下さん（仮名）92歳の願い事が気になりました。

「ブルーハワイを飲みながらフラをもう一度」と書かれていたのです。

これはどういう意味なのか、さっそくお嬢さんに電話をして尋ねたところ、「元気な頃は家族で毎年1カ月くらいハワイに滞在していたんです」ということでした。そこで木下さんは毎晩フラダンスを観てカクテルのブルーハワイを飲んで楽しんでいたということが分かりました。

そこでミーティングで、スタッフたちにそのことを伝えたところ、「ぜひ、その願いを叶えたい！」となりました。

「ボランティアでフラダンスを踊ってくれるところはない？」、「ブルーハワイってどうやって作るの？　インターネットで調べて材料を調達しましょう」などスタッフの口から次々にアイデアが出てきてどんどん準備が進みました。そして、7月7日に施設の入居者を集めて2階のホールで七夕祭りを行ったのです。フラダンスは地域のボランティアの方々が来てくれ、華やかに踊ってくれることになりました。

イベントに参加した木下さんは目を細めて喜んでいました。そして、このイベントの1週間後、静かに旅立ちました。

思い出せば、木下さんはいつもリビングの椅子にゆったり座り、「こんなこともあって」「あんなこともあって」と、目をつむって昔話をする人でした。私たちも一緒に、「そうですか、ここでゆっくりなさってくださいね」と会話をしたものですが、本当に良い時間を一緒に過ごせたと思っています。

私たちは、入居者に安全で安心な暮らしを提供するだけでなく、ささやかな夢やわがままを叶えることで生活に彩りを添えています。

夜間徘徊が始まったら一緒にすること

私が自室で、娘と動画サイトで昭和初期の歌謡曲を聴いていたときです。音が少し外に漏れていたのか、部屋のドアをそーっと開けてちょこっと顔を出したのが後藤さん（仮名）という92歳になる女性でした。

「ごめんね、起こしちゃった？」と聞くと、「私、その歌知ってるわ」と言って空でフルコーラス歌いました。

後藤さんは認知症もあり、着替えも歯磨きもなかなか自分ではできません。それなのに、楽しそうに歌謡曲を歌いきったことに驚きました。きっと、その歌が流行っていた頃というのは後藤さんにとっていちばん良い時期だったのだと思います。

しばらく一緒に音楽を聴いたあと「もう寝ましょうか」と言って部屋に見送ったところ、後藤さんは満足したからかすぐに寝付いたようです。翌朝は昨日のことをすっかり忘れていますが、こんなささやかなことであれば私はどんどんすべきだと思っています。

もっと極端な実例でいうと、私は入居者の横で添い寝をするときもあります。晩酌や音楽鑑賞の時間をともにする人はいるかもしれませんが、添い寝までする施設長はそうそういないと思います。入居者がどうしても「眠れない」というときは、最後の手段として添い寝が有効なのです。

このように、それを行うかどうかの基準は、「私だったらどうしてほしい？　自分の家だったらどうする？」です。眠れなければ私だったら「添い寝をしてもらいたい」と思います。ただ、私の場合、添い寝したとしても失敬して入居者より先に寝てしまうこともしばしばで、深夜になって「あら、いけない」と目覚めて自分の部屋に帰ります。

よく、介護者の悩みに「技術や知識はあっても、入居者さんの気持ちがどこにあるか分からない」ということがあります。

そういったとき「私だったら、何をされたいか？」の答えがそのまま答えではないかと思うのです。

自分がされて心地よいことは、入居者も気持ちよいのです。

「あなただけの時間」をつくってハンドマッサージでスキンシップ

私のデイサービスではお風呂上がりに1人ずつハンドマッサージをしていますが、順番を待ちきれない人が出るほど人気の時間です。5分程度ですが手を触られツボを押されたり優しく撫でられると、利用者は誰でも気持ちよさそうに目をつぶりながらほほえみます。

この時間は唯一、利用者がヘルパーを独占できる特別なひとときで、私たちは「今だけ、ここだけ、あなただけ、のハンドマッサージ」というキャッチフレーズで呼んでいます。

この3つの「だけ」は、高齢者にとって「自分は認められている」「大切にされている」ことを実感する重要な要素なのです。これもまた、「自分がされたら気持ちいいことをする」ことの一つです。

時には、入居者のデート相手を演じることもあります。

男性はよく、自分の人生のいちばん良かった時代を思い出すようです。大木さん（仮名）94歳も一流企業でバリバリに仕事をしてきたらしく、「どんなときがいちばん楽しかったのですか?」と聞くと、毎週ゴルフに行ったときのことを話します。

最近、夜の徘徊が始まってしまったので、そういうときは一緒に施設内を歩きます。歩きながら「どこにゴルフに行かれたのですか?」「どれくらいのスコアを出されるのですか?」と聞くと、細かいことはなかなか思い出せないようですが饒舌になります。

そして、「ここがあかんって言ってるんとちゃうで、でも今度はもっといいところに泊まろうな」と言います。

私は「大木さんったら、もしかしたら、私のことを奥さまと勘違いされている……」と心で思いながら「ここ、いいところじゃないですか！　私は気に入ってますよ」と返します。大木さんは夫婦でどこか旅行に来ている気分でいるのです。

施設の中は大勢が一緒に暮らしているとはいえ、個室に入ったら一人です。人間は、寂しいのがいちばんつらいのです。寂しいという気持ちは、やり場がありません。誰かに一緒にいてほしいというのは、人間の本能ではないかと私は思います。

夜なかなか寝付けないのも、徘徊が始まるのも寂しさからくるのではないかと感じます。私たち介護スタッフは、「本当の家族ではないけれど、家族のような存在」になることを目指して、入居者の方々を寂しさから解放してあげたいと思います。

晩酌したり、添い寝をしたりすることはその一環です。時々、「一緒に寝ましょう」「泊まっていくんだろ」などと言われますが、そんなときは否定せずに、「私もここに泊まっていきますから安心してください」とか、「用事が済んだら来ますからね」と、寂しくならないように答えます。

施設にいる介護職員は、どんな入居者にも合わせて、時には演じることが大切です。

皆、愛をもって接していますので、あるときは妻に、あるときは娘になったりしています。

機械入浴より檜風呂が気持ちいい

入浴介助は、自力での入浴が困難な高齢者の入浴を介助することですが、当施設では、檜風呂でゆったりくつろいでもらうようにしています。「えっ、介護施設なんだから機械風呂でしょう」と思った読者も多いはずです。ですが、私は機械風呂よりも、檜風呂のほうが絶対気持ちいいと思い、採用しました。

檜の香りがただよっていて心地よいので、「檜風呂が楽しみで来ている」というデイサービスの利用者も多いのです。

認知症といえども、快・不快は分かります。週に2回だけでも、本来のお風呂の気持ちよさを体感してもらいたいと考えています。

入浴のマニュアルは、服の脱がせ方からシャワーのかけ方、浴槽に入れる時間など細かく決まっています。ですが、入浴というのは、本来、入居者のリラックスや、ストレス解消、介護スタッフとのコミュニケーションを深めることも大切なはずです。どの施設でもできているとは思えないからこそ、私は入浴にこだわってみました。

私の施設は、軽い重いを問わずほとんどの人が認知症ですから「もう家に帰らないとあかんわ」などと言うような帰宅願望は強く、一日に何回も同じことを言う方ばかりです。

山田さん（仮名）86歳男性も、その一人です。何か要求があるとき「ちょっとーちょっとー」と言います。３秒ごとに「ちょっとーちょっとー」が続くと、いくら「お待ちくださいね」と言っても通じません。

ある日、山田さんが檜風呂での入浴中、いつもの「ちょっとー」が続くので、スタッフが「山田さん、『男は』に続く名言といえば？」と尋ねると「男は、我慢！」と答えました。「そうです。山田さん、頑張って1分は浸かりましょうよ。そうすれば温まりますよ」との声かけに山田さんは「うん！」と大きくうなずきました。

その後、山田さんに「男は？」と聞くと「我慢」と言うようになり、「ちょっとーちょっとー」がほんの少しだけ減ったという笑い話もあります。

山田さんは一例ですが、お風呂の中は介護スタッフとの密なコミュニケーションが図れる場の一つなのです。ゆったりと心地よいなかでフレンドリーな雰囲気であればあるほど、利用者はリラックスして心を開いてくれます。そういうコミュニケーションが介護スタッフにとっても働きやすい現場になっていきます。

スタッフには、「認知症といっても、いったん大人になっているから分かっておられることはたくさんあります。ただ、新しいことを忘れたり、ストーンと分からない部分が出てくるだけです。馬鹿にしたり、『入居者は何も分からない』などと対応することはあってはならないことです」といつも伝えています。

認知症に限らず、高齢者一人ひとりの尊厳を大切にしていきたいものです。

亡くなると笑顔で見送るセレモニー

高齢者を預かるということは、亡くなる数秒前まで手伝いをするということです。

初めの頃は看取りをすること自体悩みました。「毎日食堂でご飯を食べたり、顔をつき合わせたりしていたお仲間が急にいなくなったら、お年寄りは皆驚くでしょうし、寂しがるはず」と思っていたからです。

もし「●●さんが亡くなられたんです」と言えば、「あの人の次は私かも」や「私も死が身近にあるんだ」と怖いものととらえてしまわないか、余計な心配をしたものです。

ですが、何度も看取りをしていると高齢者は「死は誰にでも訪れるもの、それは近いもの」と受け入れていることを知りました。どうやって説明しようかと悩むことはナンセンスでした。

それよりも、亡くなったあと、施設でいちばん日当たりのいいホール「エッグルーム」で皆と一緒にお別れをしたらいいと思いました。

息を引き取ったらホールの窓を開放して遺体を寝かせます。入居者には「●●さんが亡くなられたので、よかったらお顔を見に来てくださいね」と声をかけ、希望する人のみ、お参りをしてもらいます。

介護施設の関係者でしたら経験している人も多いと思うのですが「もうそろそろ最後の時間が訪れるな」というのが分かるときがあります。看取りの3日くらい前になると入居者の反応が鈍くなってくるのです。

96歳の女性、青木さん（仮名）は老衰で亡くなりました。

老衰の場合、最後は病院へ行って点滴をすれば半日～1日は生きながらえることもできます。しかし、青木さんは生前より家族に「延命処置はやらないで」との強い希望がありました。そうであれば、死が近くなった青木さんに、一分でも早く家族と会わせることが私たちの使命です。亡くなる前、最後は家族と一緒に過ごせるように努力しました。

青木さんはだんだんと息遣いも浅くなってきていましたが、まだ意識がありました。「痛くないですか？　大丈夫ですか？」と聞くと、「うん」と小さくうなずきます。しかし徐々に意識が遠のき、血圧も測定が不能になりました。

お嬢さんが仕事を切り上げて駆けつけて来ると言っています。「なんとか間に合ってほしい。最後の時間を一緒に過ごしてほしい」その一心でお嬢さんが来るまでの2時間、ずっと心臓マッサージを続けました。

「青木さん、もうすぐお嬢さんがいらっしゃいますからね。頑張ってください！」心臓マッサージをしているスタッフも必死です。血中の酸素濃度が下がってくるなか「5分、10分でも会話をしてほしい……」そう思って動かす手は休みません。

そうして心臓マッサージをやり続けた甲斐があり、お嬢さんが駆けつけ間に合いました。「お母ちゃーん、来たで」とわんわん泣きながらお嬢さんが語りかけると、目をつぶっていた青木さんですが、酸素濃度が上がっていくのです。

私たちスタッフは部屋から退出し、青木さんとお嬢さんを二人きりにして、最後のお別れの時間を過ごしてもらいました。

お嬢さんは、「本当にいい時間をありがとうございました。私が一方的に話したのですが、いろいろな思い出話をしました。あの頃はああしたね、こうしたねと」と、最後は晴れやかな笑顔で施設をあとにされました。

スタッフたちも、えも言われぬ達成感と充実感があったようでした。私たちは、数日前から主治医と綿密に連絡を取り合い指示を受け、最後の時にそなえていました。それは、青木さんの体に傷を付けたくないという理由がありました。亡くなる前の24時間以内に医師に診てもらっていないと、行政解剖になってしまいます。私たちはそのような事態は避けたいと考えていました。

希望される方はすぐに葬儀場に移動するのではなく、ご遺体は1日施設に泊まっていただき、家族と過ごしたあと「エッグルーム」へ集まって見送ります。その雰囲気はまったく暗くなく、むしろ明るいお別れとなります。

「エッグルーム」でのセレモニーは、マニュアルにあることではありません。入居者の性格や家族によっては、ひっそりと自宅に帰ってから密葬される人もいますので、自由にしてもらっています。

看取りというのは、家族にはありがたい仕組みだとよくいわれます。家族にとっては親を亡くすのが初めてのことが多いので、どうしていいか分からないからです。病院で亡くなったわけではないので、戸惑いや迷いもあることだと思います。それを、家族に寄り添い、自然な形でサポートできるのが施設の看取りではないかと考えます。「エッグルーム」での看取りは希望者だけに限りますが、皆で笑顔で見送ってあげられるのが当施設ならではのセレモニーとなっています。

オープンな設計で、食堂の様子は丸見えに

「エッグルーム」の様子は私個人のＳＮＳに時々アップしています。入居者の家族から「父

がのんびり日向ぼっこしている様子が分かります。素敵な場所ですね」とよく言われます。

また一階の食堂は全体がガラス窓のオープンな設計にしています。もちろん、ブラインドをすれば中の様子は見られないようにもなりますが、入居者は皆、開けてほしいと望みます。そのため、あえて外から「丸見え」の状態にして、中の様子が見えるようにしています。

これは、入居者の「外の地域とつながっていたい」という気持ちの表れだと思います。

毎日、朝の通学で子どもたちが手を振ったり、同じ時間に犬を連れて散歩をする近所の人と、施設の入居者とが触れ合うことはとても大事です。入居者にとっては、地域の皆さんと共に暮らしている感覚はなにものにも代えがたい喜びになるはずです。

ならばと、入居者が食事をしていたり、団らんをしている様子を何も隠すことなく、そのものを見せ、また「我々スタッフの働く姿もありのまま見せることで、地域の皆さんに高齢者の生活を伝えよう」と思い開放しています。

施設に親を預けている近所の家族が、通勤の際に施設の前を通っては中の様子を見て安心して会社に出かけて行きます。入居者が気がついたら、笑顔で手を振るなど、親子の姿はほほえましいものです。

こういったオープンな設計を見習ったのは、35年以上前のドイツでの生活の影響があります。ドイツで垣間見た高齢者たちが、テラスで自由にお茶を飲んだりおしゃべりしたりしている様子です。

それは私が目指している、豊かに穏やかにときの流れを楽しむように住まう姿そのものでした。いつか私もそう暮らしたいと考えていましたし、もし私が介護施設を作ったならあの雰囲気を出したいと思っていました。そんな思いで設計した結果「中を自由にご覧ください。安心できる場所ですよ」と広告を出さなくてもこれが宣伝になっているのですから面白いものです。

なにしろ、開設した当初は1年半もの間5人しか入居者がいない閑古鳥の鳴く施設でした。しかし、開放していると「中の様子が見えるのでよく分かります。ぜひ入居したいです」という人が増えました。意外なプロモーション費用の節約になったねとスタッフとも話しています。

私が同じ屋根の下で暮らす理由

当施設は、要支援でも要介護でも60歳を過ぎたら住むことができます。私自身も60歳の誕生日から家賃と食費を支払って入居しています。部屋の間取りも入居者とまったく同じところに住み、朝その部屋で目覚めたら下の事務所に下りていき仕事を始めます。

もともと、夫と母を介護するために私自身も住み込んでいましたので、「家と同じように」暮らしたいという思いがありました。ですから、自宅で使用していた家具や設え、絵なども施設に運び込んだのです。

そのためか、誰が来ても「普通の介護施設とは思えない居心地の良さを感じますね」と言われます。

また、私は動物が好きで自宅ではダルメシアンなどの大型犬を3匹飼っていたので、その犬も一緒に連れてきました。動物と触れ合うことは高齢者に好影響を及ぼすだけでなく、施設に動物好きな人が集まってきて、これもまたコミュニケーションの輪を広げます。

子どもからお年寄りまであらゆる年齢の人が当たり前のように出入りして、私の施設が人の集まる場所になり、その関わりが社会にも広がっていけばいいと思います。

私の施設の入居者は、比較的東大阪近辺の人が多いので、仕事帰りに、親に会ってから帰るという娘さんや息子さんもいます。

たいてい、19時くらいに施設に来て、20時ぎりぎりまで親と過ごします。またある方は近くのスーパーマーケットで自分の晩ご飯を買ってきては親と会話しながら食べます。

私が施設を自分の家だと思っているように入居者も自分の家のように過ごしているので、そのお子さんたちも我が家のようにくつろいでいます。

家族といえば、介護の仕事をしながら入居者と生活をともにしていくと、その方のこれまでの人生と対峙することがあります。家族で食卓を囲んで楽しく談笑して、一家団らんしてきた家族ばかりではないことも分かってしまいます。

兄弟姉妹もそうです。結婚して実家を離れたら疎遠になるきょうだいもいると思います。しかし、家族との絆を大切にしようとする努力と苦労は必要です。成人してからは人生観どころか、経済状況も違ってきます。家族の介護問題になったらきょうだい同士が理解し合い、なにがなんでも歩み寄ることが必要です。

たとえ、親やきょうだいといい関係が築けていない場合や、家族との間で起きた過去のわだかまりがまだ解消されていない場合でも、「自分にはなぜこの親がいるのだろう」と、考えてみてほしいと思います。家族は「人と人のつながり」を最初に学んだ関係です。

介護というテーマを前にすると、また家族とつながっていけるのです。

「食べられない」は入れ歯をチェック

朝は入居者の部屋に「おはようございます」と起こしに行くところから始まります。どの施設でも同じかもしれませんが、朝の観察が重要です。朝の様子で入居者の一日がだいたい分かります。

オムツを外す際に、尿と便の量や色、臭いなどがいつもと同じか違うか、自分で外した形跡があるか否かなどです。

朝、パッと起きられずにぐずぐずしていたり、「今日は朝食を食べたくない」と言ったりするときには、必ずどこかに不調があります。

そのようなときは、よくよく原因を探して朝食を1~2時間ずらすなどします。

高齢者は自分で体温調節をすることが難しくなるので、体温や血圧が通常と同じでも、その日の気温によっては服の上にカーディガンを羽織らせるなどの気配りは欠かせません。

ほかにも高齢者の体の変化は食事の進み具合やスピードで分かります。どこか体調が悪いと、歴然と箸も会話も進みません。

一方でこのとき、「もしかしたら入れ歯が合わなくなってきている可能性も高い」ということも疑ってみます。高齢者は、歯が入れ歯に当たっていると食事が進まないからです。その場合はすぐに歯科医を呼びます。私の施設の担当歯科医はまるで宮大工のような人なのです。ちょっと調整すれば、ピタリと歯に合うように直してくれます。とにかく、「察知能力」を磨いていくことが、トラブルを未然に防ぐ近道です。

介護職の離職率が低いわけ

介護施設を選ぶとき、入居者の家族には、外観や施設、設備だけでなく、館内の雰囲気や介護している様子も見学してもらい、納得したうえで契約を結んでくださいと話しています。特に、職員の定着率はその施設を選ぶ決め手になると思います。なかには、入居金が安くてもきちんとしたケアをするところもありますが、「高いお金を払えばレベルの高いケアが受けられるとは限らない」のが現状です。

当施設の特長に、離職率が低いことが挙げられます。私の施設を退職して訪問介護のほうに行ったスタッフが言うには、「小林さんのところで学んだ〝入居者への気づきや察知能力〟は、今いちばん通用していることで、誰からもレベルが高いと言われます」とのことでした。また、「スタッフに意地悪な人が一人もいなくて、スタッフ同士が助け合い、コミュニケーションがうまくいっていましたね」という声も聞きます。

働く仲間の意見を聞くことは大切で、私自身の学びにつながります。

時々、入居者から家族への不満や心中を聞きます。すると、介護職員の中には、「もっと、家族がしっかりしてくれなきゃ困りますね」と言う人もいるかもしれません。

しかし、私の施設のスタッフたちは、「入居者さんは息子さんに対して愚痴っているのではなく、寂しいのかもしれない」と考えてくれます。物事をある一面だけで判断してはいけないと教えているからです。

そんな優しいスタッフたちばかりだから、長く勤めてくれ施設がうまくいっているのかもしれません。なぜか温和なスタッフが連鎖反応のように集まってきます。

雇用時も、素質的に優しい人に入ってもらうことが大切です。妬む心や、意地悪な心がある人は、少し話せば分かります。また、お年寄りを好きでないと介護の仕事はできません。失礼な言い方になりますが、お年寄りのことが愛らしい、かわいらしいと思えるかどうかや、入居者とも、スタッフとも、家族のように過ごせるかどうかなどが決め手です。

トラブルには数名一組で対処してつらさ半減

介護の仕事には、「蹴られる、叩かれる」や「便汚染」が、日常的にあります。力がある認知症の入居者だと、介護スタッフが殴られてしまうことがあります。そのような現場はなるべく2人で入っておさめます。大暴れしているとき、スタッフが1人だと手間取ってしまいますが、2人だと素早く介助できますし早くおさまります。

もし、一人で対応せざるを得なかったら、そのときは仕方がありません。あとでそのスタッフの話をよく聞いて、「よく我慢して帰ってきたね」「それはいい対応だったと思うよ」と、萎える気持ちを慰め、言葉かけをします。

便汚染が起きても、なるべく2～3人で対応します。入居者は自分で排泄できない人もいるので失敗してしまい、部屋中便だらけになるときがあります。それはもう大変なことになってしまいますが、この清掃はさすがに1人では心が折れます。数人で行って手際よく片付ければ、すぐに終わります。

自分の「しんどさ」を理解してくれる人がほかにいるということは、どんなに励みになるかしれません。

介護の仕事は、「一緒につらい仕事をやる人がいる」「見てくれている人が必ずいる」と思うから頑張れますし、互いに分かち合える喜びがあると思います。だからこそ、「今度はこういうケースに対してこうしていこう」と一緒に考えて、次への改善につなげることができます。現実を知っているから、「こうしたほうがいいんじゃない」「これ試してみよう」などと提案もでき、「思ったよりうまくいかなかったね」「だったらこうしよう」と向上が図れます。

例えば、排泄でも「寝る前に薬を飲んだらだめだったから、今度は夕食後に飲んでみよう」などと、何回も試すことで便汚染を減らすことができています。

どうしたら、入居者もケアする側も心地よくなれるかの工夫を日夜繰り返し、ミーティングや、申し送り、個人ノートを通じてディスカッションことで改善するようにします。

介護職員に厳しい決まりはなし

現在私の施設には介護士11名、ヘルパー10名、看護師3名の計24名が在籍しています。

入社した際には「仕事を好きになってね」という約束を交わします。

介護施設は規則にうるさい学校と同じではありません。当施設の雇用時には、「ネイル、茶髪、ピアス、エクステOK」をうたっています。確かに、爪を伸ばしていたら入居者に傷を付けてしまうのでいけません。しかし、短く切りそろえているのなら、問題ありません。同じように茶髪もピアスもエクステもOKにしています。メイクやおしゃれの自分自身の内的な面への作用についてさまざまな効果が研究・検証されています。生理的効果としては、ホルモンバランスが整えられ、抗酸化作用が高まり、ストレスが緩和します。心理的効果としては、積極的になる、気分が高揚する、自信が増す、リラックスする、安心感が増すなどの効果があります。

自己充足感に包まれることは仕事にもいい影響を及ぼすと信じています。なにしろ、私自身も20年近くネイル愛用者です。

また、雇用の際の自社PRに、「子どもの行事を優先してOK」とうたっています。子どもが保育園や幼稚園に通っているのであれば親子遠足などはぜひ一緒に行って思い出をつくってほしいと思います。そのほかにも、運動会や授業参観日、文化祭、懇談会、卒業式や入学式なども同じです。子どもの晴れ姿はぜひ見に行ってほしいのです。

子育てをしていると、日々困ったことが起きるため、女性が働きながら子育てすることを柔軟にサポートしています。「子どもは周りの環境で育てるもの」といった精神で働くお母さんを応援しています。キャリアが途絶えると、その間の知識も遅れて復帰が難しくなります。出産や子育てがあってもなんとか続けてほしいと言っています。

ボランティア精神はなくす

「入居者が何を思っているかすぐに気がつくこと、察すること」を徹底していくと流れ作業も減り、トラブルを未然に防ぐことにつながり、余計な仕事が少なくなります。

介護の仕事は奉仕の精神も必要ですが、立派な仕事ですから質を上げていき、高い報酬を得るようにすることも大切です。

「タダ働き」するようなことはやめて、しっかり、1週間40時間を働いて稼がねばいけません。段取りが悪くて残業になった場合は、しっかりと理由を聞いて、決められた時間で終わらせることを推進しています。また、新人の場合は仕事に慣れないこともあるので、仕事のイメージトレーニングをすることでかなり仕事がはかどることなどを教えています。

ボランティア精神が良くないのは、「あなたの親切が誰かの不親切になる」ので、サービスの均一化が図れないからです。優しいヘルパーたちは、ついついサービスをしてしまうのですが、のちのち、「あの人はやってくれるのに、あなたはやってくれない」というトラブルにつながります。

これは、「かゆいところにも手が届くサービス」に、相反していると思われても致し方ありません。

このときの考え方として、「これをしてあげないと、この人がとても困るだろうな」「これをしてあげないと健康を損ねるだろうな」ということを基準にします。

単に入居者のわがままを聞き入れることではありません。介護保険の考え方に則って、「その人にまだ残っている能力は使い、あくまでも介助をする」ことです。

介護の現場は、どう考えたって介護職側がしたほうが早い場合は多々あるでしょうが、その人の能力を最大限に発揮できるようサポートするサービスを行います。

歯磨きも、初めから「お口を開けてください」と磨くことはしません。できる人には自分で歯ブラシを持って歯磨きをしてもらい、最後に磨き直しをします。

ただ、介護従事者が援助することで、どうにか生活を維持できるという方もいます。ヘルパーが支えることが刺激になって、一緒に動くことで日常生活動作を維持でき、気力が湧いてくるということもあります。

単純に、「体が動くなら家事援助は必要ない」とも言えないのです。食事の介助も、オムツの交換も、声をかけながらゆっくり一緒にやることに意味があります。目を合わせながら、話しながら刺激を与えることで心が通います。入居者は人間です。ロボットのように流れ作業で対応できるわけではありません。慌ただしく雑な介護をしたら、機嫌が悪くなったり思うように体を動かしてくれなくなるのです。ましてや会話ができなくて体に何か異常があっても気がつきません。会話をするしないで、心のケアにもつながります。私たちのやりがいにもつながります。

また、働き方で忘れてはならないことがあります。それは介護スタッフがしてはいけない医療行為が法律で定められているということです。介護スタッフができることと、看護師や薬剤師という専門職ができることは法律で明確に定義されています。そこはスタッフたちにも明確に分かってもらわなくてはなりません。介護スタッフが看護師や薬剤師より上だとか下だとかを言いたいわけでは決してありません。

看護師には「うちでは介護の技術を身につけてね」と入社時に必ず説明します。大病院の看護師は、患者をベッドから車椅子に移動させるときに4人がかりなんてこともあります。介護を習っていないのですから当然です。

しかし当介護施設のような小規模施設ではそうはいっていられません。看護師にも、介護する方法を覚えてもらいます。看護と介護を分業にする考え方もありますが、入居者のケアをしようと思ったとき、看護だけでは完結しません。介護という部分もときとして必要になってくるからです。その逆に介護だけでは完結しないシーンも多々あります。異業種の仕事を手伝うことはボランティアではなく当施設では必要な仕事です。薬剤師も介護士も看護師も医師もケアマネージャーも協力して入居者を支えていくのです。

光熱費はカットし、気遣いはカットしない

薬局の運営でも、お薬情報・お薬手帳や請求書の打ち間違いは、「気を付けていれば減らせる」し、コピー機の使用や電気の点けっぱなしも「余計な使用はやめましょう」と従業員に話してきました。

介護現場で働くスタッフにも同様、経営者側から企業としての考え方とその必要性を話します。数字的な目標を掲げるなどということはしませんが、無駄遣いについては事細かく話します。

例えば、厨房でも食材の無駄遣いは減らせます。しっかりと厳選した食材であることをスタッフに伝えれば食材を無駄なく使い切るような料理を心がけてくれます。

なぜ厳選した素材を使用するかというと、入居者の健康維持を考えてのことです。その

ために、「どのようなものがおいしく食べられ、どのようなものが残されるのか」を厨房職員と一緒にリサーチするなどして、なぜ産地にまでこだわるのかの理由も理解してもらいます。

スタッフの育成では、物質的な無駄は注意喚起していますが、「気」だけはどんどん遣うように言っています。入居者への気遣いはもちろんですが、介護職同士の気遣いもそうです。仲間を思いやることです。

「私がちょっとこうしておけば次の人が使うとき便利」と思えば行動に移したり、仲間同士でも丁寧語で話します。そうすることでお互いに節度をもって仕事ができます。

そして、「嘘を言ってはいけない」ということです。ミスを犯したら隠さずに素直に報告するように言っています。なぜならば、間違えることは誰にでもあるからです。だからこそ、正しいケアへの改善点が見つかるのです。そのためにも、嘘は言わないように、そして、「仲間の悪口は絶対に言わない」ことです。

「明日、会社に行きたくない」などと夢にも思わない会社にしたいと思っています。気持ちよく挨拶ができて、仲間に思いやりをもって、優しく謙虚な気持ちでなんでも素直に受け取れる人材育成をしています。

大切な時間に、どこで、誰と、どんな仕事をするのか

お金のためだけに働くか、仕事とどう付き合うかで毎日の気分は変わってきます。私は41歳のとき、当時働いていた会社の考え方に矛盾を感じて辞めて、起業しました。「本当にこの働き方でいいのだろうか。これで、困った人の役に立っているのだろうか。役に立っていないと思うのにこのまま続けていていいのだろうか」と思ったことがきっかけでした。

起きている間の大半の時間を労働に費やしているのにもかかわらず、自分の仕事について真剣に考えていない人がいるのも事実です。

人によっては仕事のやり過ぎ、やらなさ過ぎがあるかもしれません。また、仕事内容には満足していても、働く環境にワクワクしていないかもしれません。あるいは、仕事仲間との人間関係が楽しくないかもしれません。自分がどんな場所でどういう人とどんな仕事をしたいのかよく考えることが大切です。

仕事に一生懸命だけれど、成果主義な人は、一見仕事を上手にこなしているように見えます。でも実はその仕事に振り回されて、目の前のやるべきことに追いかけられているに過ぎないことに気がつきません。そういう人のなかには仕事で結果を出すことで自己実現を果たし、ますます仕事にはまる人もいます。

けれども、人生で大切なことは仕事だけではありません。にもかかわらず家族や子ども、友人たちとのプライベートな時間、自分の一人の時間をもつことの大切さをうっかり忘れてしまう人がいます。当施設は1週間40時間を一つの基準とし、スタッフたちには数カ月に1回程度、自分が仕事をし過ぎていないかセルフチェックしてもらい、ライフスタイルの見直しもするように言っています。

薬学部の実習生や技能実習生を積極的に受け入れる

患者が住み慣れた自宅で病気の治療や療養を行うことを在宅医療といいます。そこには、医師による訪問診療や看護師による訪問看護だけでなく、薬剤師による〝訪問薬剤管理指導〟があります。薬剤師が医師の指示に基づいて自宅を訪問し、薬の効果や飲み方の説明、服薬状況や自宅にある残薬のチェック、副作用などの確認を行います。また患者の状態や薬についての要望などを医師に伝え、患者と家族の療養生活を適切にサポートします。

薬剤師の仕事は、なかなか国民に理解されていない仕事ですが、このように、在宅医療の対応が進んでいくと、〝訪問薬剤管理指導〟としての活躍があります。

その分、訪問看護も増えないと成り立たなくなってくると思っています。当施設では訪問看護を行い、患者をケアしていますが、〝訪問薬剤管理指導〟も導入しています。

つまり、介護の世界に薬剤師が入ってくる時代になってきたのです。

私の薬局では大学の薬学部5年生の実習を受け入れているのですが、私は大学と相談したうえで、11週間の実習中2日間を介護施設での実習に当てるようにしています。学生たちに「大学で介護保険制度のことは学びますか？」と聞いたら、たった2時間くらい組み込まれているだけとのことでした。これだけ介護の問題が社会で提起されているというのに、高齢者に欠かせない薬を扱う薬学部の教育現場で介護の教育がなされていないということに愕然としました。

実習では、介護現場でデイサービスの体験をしてもらいます。介護保険制度の話や介護は誰もがいずれ直面する問題であるということも話します。介護職というのは、「体が動かなくてつらい思いをしている人を救う仕事」であるという事実、「まだ頑張れる人を応援する仕事」だということを理解できる、有意義な時間となっています。

薬学部の実習生のほか、ミャンマーからの技能訓練生も積極的に受け入れています。実際に私がミャンマーに行って訓練生と面談して、コミュニケーションを取ってからスカウトします。心根が優しくて、技術を習得しようとする気持ちが強い人が多いので、人材不足が叫ばれる介護業界では、やる気のある海外スタッフと一緒に働いてみるのもいいかもしれません。

第4章

「介護施設には薬局とデイサービスが絶対必要！」入居者がもっと安心して生活できる介護ネットワーク

半径5キロ圏内に多職種を衛星のように配置

地域で高齢者を支えていくには、医療と介護の連携は欠かせません。介護事業所も今や医療を強みとするところが増えていますが、それは利用者に安心感を与えるからです。「医療に強い」ということを観点に考えると、医師・薬剤師・看護師の力が必要です。なぜならば高齢者の体はいつ何が起きてもおかしくないからです。いざというとき、医療的処置がなければその人を救うことができないこともあります。

数年前の12月30日の午前9時過ぎ、デイサービスを利用する利用者のところに迎えに行ったスタッフから慌てて電話が入りました。

「ベッドから落ちて倒れています！」

スタッフが救急車を呼び、到着した救急隊員が血圧などを測ってしばらく安静にしているとその利用者は落ち着いてきたようで、「もう急変することはないだろう」と救急車は帰っていきました。

家族に連絡を取るもどうやら娘さんは年末から海外旅行に出てしまっているようで、連絡が取れません。食べ物はどうしているのだろうと思い、部屋を見渡すとパンが1つ転がっているだけです。これではお正月を迎えるどころか栄養失調になってしまいます。私はその方の娘さんが帰ってくるまで当施設で預かることにしました。

このように、デイサービスのスタッフが独居の高齢者を迎えに行って非常事態を発見することは世の中に多くあります。

もし、迎えに行った先で苦しんでいたら、医療の協力をなくして救うことはできません。この倒れていた利用者ですが、黙って当施設に連れて来るわけにもいかないので、地域の民生委員、自治会会長、婦人部長との連携により相談して預かることになりました。

このように、地域の連携の見守りがあってこそ、高齢者を救うことができます。

この「地域の見守り」への問題意識は、実は1995年の阪神・淡路大震災のときに、孤独死が多かったことが発覚して発展してきました。その後2004年に新潟県中越地震がありましたが、このときは、「各ケアマネージャーが自分の担当者を全部見守る」といった喚起があり、無事かどうかを見回ることができたので孤独死を防ぐことができたのです。

阪神・淡路大震災のときは、まだ介護保険制度がなかったのですが、中越地震のときは介護保険制度が施行されていたということも、多くの孤独死を救えた教訓になっています。ただ介護保険制度で高齢者を助けることになりましたが、まだまだいき届いているとはいいがたいものです。

全国的に、医療のネットワーク化を見ると、東大阪は決して進んでいるとは思いませんが着手は早かったはずです。

そうなった要因は、1999年に全国にさきがけて薬局改革があったからだと思います。東大阪市立総合病院（現・市立東大阪医療センター）の新築移転に伴い、一気に「院外処方箋」になったのです。それによって、「地域の薬局はすべて力を合わせて役立つ薬局になろう」と、普通の薬局も調剤を始めることになりました。院外処方箋になったことで、薬局と病院など医療現場との直接的なつながりができ、強固な医療連携が可能になったのです。

薬局同士はライバルのはずですが、「薬局が進んで地域の困っている高齢者や独居の高齢者、障がい者などを助ける窓口になっていこう」という気運が高まりました。薬局と医療施設との連携も良くなり、「市民のために情報共有をしよう」となっていったのです。

そのおかげで、東大阪には「協力する」という土壌が醸成され、現在でも「薬局と医療施設による見守りネットワーク」が張り巡らされています。

なおかつ、この地域で、薬局・サービス付き高齢者向け住宅・デイサービス・訪問介護・訪問看護・ケアプランセンターを一貫してもっている弊社は、どこよりも率先して、自社における医療と介護のネットワークを活用するようにしています。

具体的にどのような医療と介護のネットワークを形成しているのかというと、デイサービスも併設した介護施設を中心とし、徒歩1～2分の場所に訪問看護・訪問介護ステーション、ケアプランセンターを配置しています。そして、施設を核にして半径5キロ圏内に薬局が10店舗点在しています。それぞれが独立採算制になっており、患者も利用者も別々です。

まず、スタッフは皆、ケアプランセンターのケアマネージャーの計画に従って、それぞれで動きます。訪問介護のヘルパーは介護施設の入居者の世話もあれば、一軒一軒の家に行っての介護もあります。訪問看護は、病院からの要請があればそこに行き、それ以外は介護施設の中の看護に従事します。介護施設とデイサービスは、ケアマネージャーに従って介護に当たります。

キーとなるのは、施設とデイサービスでの服薬管理と服薬指導を当施設で責任をもって行っていることです。入居者全員に薬剤師が付くことで、持病を把握し、トラブルを未然に防ぐことができます。さらに、入居者には主治医が付いているので、2週間に1回の往診があり、薬剤師との連携で減薬を推進したり、生活指導を行ったりすることができます。

薬局は、当社の訪問介護、看護、デイサービス、施設だけでなく、地域包括支援センターや地域の薬局とも連携して、個人の健康管理に努めています。

一人の患者、利用者、入居者に何か不測の事態が起きれば、ネットワークでさまざまな情報が吸い上げられ、素早い対応ができるということです。

各々が行った先についての報告は私のほうで目を通します。例えば独居高齢者のところにケアに行ったヘルパーが「ご飯が食べられていない」「薬が服用されていない」などと報告してくれれば、ケアマネージャーと相談して改善の方法を練ります。

生々しい話ですが、行った先で虐待の報告などがあったら、民生委員へすぐに相談し、いち早く解決する方向に動きます。

介護の世界は医療が絶対の力、次に訪問介護、介護施設といわれていますが、縦割りで動いていたら困っている高齢者を救うことはできません。医師も看護師もケアマネージャーもヘルパーも薬剤師も皆同じ土俵に立って、地域密着の介護ネットワークをつくってこそうまくいきます。

しかしどんなに専門職がそろっていても、観察力がなかったり、気づきに鈍感な人たちでは何の役にも立ちません。日々の細かいしぐさや、顔色、目の色、歩き方などから体調変化を感じ取ることは私の施設の全スタッフができることだと思います。

人生で薬局が必要なときや、訪問介護が必要なとき、そして介護施設が必要なとき、と移行していくことがあるため一貫して当社を利用される方も多くいます。

まずはとにかく、弊社のスタッフが困っている人を見かけたら話を聞いて「ではここに連絡してみましょう」と他事業へつなげ、ニーズに対応していくことが重要です。各部門のスタッフは、その都度情報を共有してそこから新しい学びを得て、知識の研鑽をし、困った人へ最善のサービスを提供していく――。この繰り返しこそ医療と介護の連携だと思います。

私を突き動かしたのは「過疎化と高齢化」

東大阪市は50万人都市ですが、近年高齢者の比率が高くなってきており、今や4人に1人は高齢者だという話を市役所の方から聞きました。

東大阪市はもともと小さな3市が合併してできた市です。戦後の復興で栄えて街になったと思います。当時は闇市で小さなテントがたくさん立ち並んでいました。私は現在65歳ですが、親の世代である90代前後がこの街の繁栄のためにいちばん働いて頑張ってきました。

その親世代は今、取り残され独居高齢者となり、子どもたちは、近隣である奈良県の新興住宅街に新居を建てるなど、他県へ出てしまうケースが多くなっています。

私は生まれてこの方、ずっと東大阪市にいますので、シャッターが閉まったお店を見るにつけ、「あぁ、ここには昔お豆腐屋さんがあって、ここは八百屋さんだった、その隣はおつけものやさんだった」と覚えています。もちろん、地元に暮らす高齢者のこともよく分かっています。

もう何十年も、毎日犬の散歩をしながら、灯りが点いている一人暮らしの家を気にしながら見守りするのも自然の習慣になっています。そうです、私は過疎化と高齢化が進んでいる場所で見守り隊になることを決意したのです。

「地域の見守り隊」を実現

私自身もケアマネージャーの資格を取得し、介護保険制度とは何なのかを学び、いろいろ見えてきたものがありました。そこで感じたのは、「薬局は医療面を、介護は生活面を支えているのだ」という事実です。薬局の窓口で、一人ひとりの患者のフォローをしていましたが、「これで役に立っているのだろうか」と、いつも思って悶々としていた頃です。一人の方のお世話をするには、どちらもなければならないと考えました。

薬局と介護はちょうど車の両輪のようなものなのだと気づきました。

そこで2004年にデイサービスセンターとケアプランセンターを開設し、デイサービスセンターを利用する利用者の要望に背中を押され2005年に訪問介護ステーションを作りました。

その後、自社の中に24時間体制の施設があればもっと皆さんの役に立てるのにと思いながらも、なかなか決断できなかったのですが、実母が骨折し体調を崩したのを機に決断しました。

足掛け2年の時間がかかりましたが、2012年にサービス付き高齢者向け住宅を開設しました。

自社に医療機関はありませんが、24年間、東大阪市で薬局として活動してきた実績をベースに、地域の医師会の先生方との連携で地域を見守っています。

また医師の指示で看護師が看護に当たれるように2020年に訪問看護ステーションを作りました。入居者全員に薬剤師を付け、体調変化などの情報は薬剤師・看護師・ケアマネージャー・介護ヘルパーと共有しています。

医師だって処方箋を間違える

薬剤師でなかったらできないことですが、過去にはこのようなこともありました。

薬局の薬剤師がある患者に「今日は以前より薬が増えていますが、何か先生から聞いておられますか」と伝えたところ、患者が「医師から何も聞いていない」と言うのです。そういう場合は、必ず医師に確認をします。医師が「患者には説明したのに聞いてなかったんだね」といえばまだ安心ですが、「本当にこの増えた薬はこれでいいのだろうか」ということもあり、重ねて医師に確認すると、医師が「それ間違えた」というケースもありました。

薬剤師は処方箋一枚でも間違いを発見できますし、危険を防いでいます。

本来なら、このような細かいやりとりは、忙しい医師にとっては診療の妨げになります。ですが、患者のために確認せねばならないのです。それでいて、患者と先生との信頼を間違っても崩すようなことをしてはいけません。これは薬剤師のタブーといえます。

とにかく、薬の世界は命が関わっています。職務は果たしても、余計なことを言って心配させないことが大事です。プロの薬剤師はわきまえていることですが、若い薬剤師たちにも「知っているからって、全部言っていいとは限らないんだよ。患者が求めている内容を伝えればいい」と教えています。

介護施設での服薬管理は、調剤薬局と違い、入居者が薬を飲んだあとの様子をつぶさに観察することができます。睡眠薬や抗不安薬などについては、様子の記録を基に、医師と服薬の調整ができるので、学びながらすすめています。

この部分にマニュアルはないので、一人ひとり違います。入居者が求めていることを感じ取って提供できないといけません。

［第5章］

入居者の真の幸せは常識の非常識にある

心と体の両面から高齢者を支える

人生最終章の時間を楽しく過ごしてもらうために、医療と介護の連携が必要だと述べてきました。そして、介護が必要になった高齢者に対しては、最後の日までその人らしく過ごせるようにサポートするのが私たちの使命です。

いつでも理念を忘れないために、私はことあるごとに「私たちは『人生のサポーター』になりましょう。病気のときも元気なときも、家族ではないけれど、家族にいちばん近い人としていつもそばにいて、人生の応援団として伴走者になっていきましょう」とスタッフに伝えます。

そして、私たちは、入居者に安全で安心な暮らしを提供するだけでなく、ささやかな夢やわがままを叶えることで、私たちまで入居者と一緒に良い時間を過ごせることに感謝しています。

今、私が介護施設を運営しているのには、こんな根源があります。

娘が小学校低学年の頃、何かの虫に刺されたのか、腕が真っ赤に腫れ上がって痛くて泣いていました。虫刺されの薬を買いに近くの薬局に行ったら、「これを付けてください」と虫刺されの市販薬を渡されるだけでした。

もちろん、それでもいいのですが、そのときのことを思い出し、「私だったら、どこでどうしてこうなったのか、熱はあるのか、痛いのか事細かに聞くのに」と思いました。

もちろん、私が薬剤師の資格があるからそう思ったのには違いありませんが、薬局は具合が悪くて行くところです。「患者をもっと安心させる言葉が必要では?」と思ったのです。例えば、蜂に刺されて熱が出ていたら「医師に診せたほうがいいのでは?」とか「冷やしたらいいのでは?」など、薬局が知る限りの知恵を患者に伝えるべきだと思うのです。

そこで、薬局を作ったときは「あそこに行けばなにか助かる、安心する」そんな薬局を目指しましたが、介護施設もまったく同じです。入居者や利用者の安全で豊かな暮らしのために、薬剤師、ヘルパー、看護師、ケアマネージャーが自社内で情報を共有し、連携する体制とサービスが確立されています。医師による訪問診療や看護師による訪問看護だけでなく、薬剤師による「訪問薬剤管理指導」もあります。薬を持参し、効果や飲み方の説明、服薬状況や自宅にある残薬のチェック、副作用などの確認も行います。

役立つ介護施設になりたい。その気持ちが介護施設の設立につながりました。

自分が住んでも快適で納得できる建物にしたい、入居する人に満足してもらいたいと思い建築設計に細部までこだわりました。本当は誰もが、自宅がいちばん良いのです。でも、それが叶わなくなったとき、普通の家に近い雰囲気で使い勝手が良い住居を提供したいと考えました。

今まで家でしていた生活が一人でできなくなり、「誰かのサポート」があればラクになったり、「介護が全面的に必要」になっても、今までと変わらない暮らしができたりするようにサポートすることを目指しています。

一生働こうと思ったら介護施設へ

当施設は50代、60代のベテラン介護スタッフが大半を占めますが、30代、40代の女性も子育てをしながら頑張って仕事をしています。

長く勤めてスキルを上げてもらいたいので、いったん休職しても復職してもらっています。女性は、家庭のことやパートナーのこと、子どものことなどいろいろな問題が起きてくるので仕事を続けることが難しい時期があります。

例えば、薬局で15年以上勤めてくれている55歳の薬剤師A子がいます。夫が若年性アルツハイマーになってしまったので、「実は、仕事を辞めるかどうするか悩んでいます」と相談がありました。「それは大変だったね」と話を聞いていた矢先、A子の夫は、A子が仕事に出ると追いかけてきて、薬局のガラス越しに妻を探しにくるようになったのです。道中は車が行き交う危ないところでした。そんな様子をとても見ていられなくて、「もし、事故にでも遭ったらどうするん？　取り返しがつかへんやん」と言いました。

そこで、私が考えたのは、夫もA子に同伴してもらうことでした。実は夫も薬剤師だったので「お給料は出せないけど、白衣を着てここにいてもらおう」と、薬局にいてもらうことにしました。

とても突飛な考えだったかもしれないですし、そのときのスタッフは大変だったかもしれません。しかし、どんな問題も打つ手があるということをスタッフ皆で共有できました。

のちにA子の夫は病気が進んで小規模多機能事業所で暮らすことになりましたが、A子は仕事を続けることができています。

もし、「夫の病気があるので仕事を辞めます」となっていたなら、A子はそこでキャリアを捨てるしかありませんでした。

これは薬剤師の話ですが、介護職も同じです。特に、子育てを終え、仕事を再開したい人に言いたいのは、主婦こそ介護の仕事が適しているということです。

誰かを喜ばせたり、誰かをラクにしたりすることで、「初めて誰かの役に立つ楽しさを感じた」というヘルパーがいます。一緒に働く仲間とつながることも充実感になります。しばらく仕事をしていなかった、何かをやりたいと感じていたらぜひ介護の仕事をおすすめします。

主婦として25年、30年を費やしてきた人は、それがいちばんの強みです。子どもや家族の具合が悪くなったとき「おいしい食事を作るために毎日工夫した」という話をよく聞きます。そういう「どうしたら家族が喜ぶか」をいちばん知っているのは主婦なのです。

「私には介護職として働く才能がないから」なんていうことはありません。家庭の仕事をしてきたり、主婦をしてきたりしたらそれが介護職にいちばん適しています。スキルを上げて介護のエキスパートになれます。介護職こそ、才能ではなく努力して深められる仕事です。施設の理念を理解した介護スタッフ、看護スタッフたちがいれば施設はうまくいきます。嘘をつかず、笑顔で一生懸命考えて、相手の立場になって全員で力を合わせて実践していくことで、質の高いケアが提供できます。

施設の中がフレンドリーな雰囲気であればあるほど、介護スタッフにとっても働きやすい現場がつくれます。

入居者と一緒に暮らしをつくっていくという発想をもつ

1カ月に1回、私の施設に入居している96歳の男性、宮川さん（仮名）に会いに来る息子がいます。1カ月に1回だとどうしても、反応が鈍くなり、宮川さんも「あの人誰?」と言うことがあります。たくさんのお土産を持ってせっかく来てくれているから、私も決まりが悪くなります。「宮川さん、息子さんですよ！　お話ししましょう」と言っても「ああ」と素っ気ない返事で、いつも少しぎくしゃくした面会になってしまいます。

ある日、息子から手紙が届きました。「いつも父を大事にしてくださりありがとうございます。久子会長に笑顔を見せ、ヘルパーさんたちとも朗らかにやりとりする父を見るにつけ、嫉妬さえ覚えます」とあるではありませんか。家族の正直な気持ちはこういうことだと思います。

宮川さんにしてみたら、毎日一緒に過ごす私たちが家族のようなものになっていき、たまに来る息子は記憶の外に行ってしまい、距離ができるのです。

その後、息子は宮川さんをなんとかしたいと思ったのか、家族の写真を素敵なフォトフレームに入れて送ってきました。

私は、これを宮川さんの部屋の目立つところに置きました。

そして、「この方は息子さんですよ、何歳ですか？」と、話しかけると、「これは息子じゃない、こんなに歳を取っているわけない。息子はまだ20歳だ」と言うのです。

宮川さんは、「今自身が50代で息子は20歳だと思っている」。これは認知症による症状ですが、息子の気持ちに寄り添いながら、宮川さんの感情を推し量って、笑顔や喜びを引き出せるような介護をしていこうと思った出来事でした。

主婦だってたくさんのものを残せる

主婦は家族が幸せで健康であることを第一に考えてきた人たちだと私は考えています。そして、それが人生の目的であるなら、すばらしいことです。でも、あるとき働かねばならなくなったら、そのときは、「自分のやりたいと望む目的と、普段の生き方」をどう結びつけるか考えます。そうしないと、労働が苦しい時間になってしまいます。私がそうでした。「人の役に立つための仕事をしたい」。しかし、働く現場は業務優先で人の役に立つことと逆のことを言われました。

「自分のやりたいと望む目的と、普段の生き方」の2つが結びついていないと、人は知らない間に満たされないものを感じがちです。なので、自分のなかでこの2つを一致させて生きがいとやりがいにつなげました。

平凡な主婦だった私が、生涯を貫くテーマを見つけました。医療と介護の連携は、私の感情の深いところをゆさぶり、気がついたら、行動してしまうほどのエネルギーが湧いたのです。それが見つかったとき、内側から大きな力となって、疲れも飛ぶような感覚になりました。本人にしか分からないことかもしれませんがそんな感じがしました。

この本を読んだ方は感じたかもしれませんが、私はおせっかいなほど、人の手伝いが好きだということです。人生において医療が必要になったとき、介護が必要になったときや、それらが原因でつらいことになっているとき、良くなるために復活させるサポートをすることが大好きです。

家族がお互いを尊重し、愛情でつながることや、平和で笑いのある家庭を知っているからこそ、そこにまた夢を取り戻そうと思えるので、私は頑張れました。

この世には、今この瞬間にも苦しんでいる家族がいます。

悲しい体験のなかには、必ず未来に活かせる幸せの種が存在することをこの仕事を通じて知りました。

ですが、人生の目的は真剣に探さないと見つかりません。生きる目的が見つかるタイミングは人によってそれぞれです。若い頃に見つかる人もいれば、60代になって見つかる人もいます。

生きる目的に出会うかどうかも人それぞれです。一般的には、なんとなく毎日を過ごして人生の目的をはっきりつかむことなく生涯を終える人のほうが多いかもしれません。生きる目的はそんなに簡単に見つかるものではありません。自分と向き合ったり、積極的に行動したりしなければつかめないものです。

真剣に打ち込んで年月を重ねるうちに、これをやるために私は生まれてきたという確信が生まれます。

私は主婦だから何も残せないと思っていたのに、今たくさんのものを残せています。

それは、人生の目的を見つけられたからです。自分にとって大切だと心から思えることを見つけて、取り組むことができるという実感が毎日の生活に喜びをもたらします。

おわりに

平凡な主婦だった私が起業をして、あっという間の24年間でした。初めは薬局のパートから、正社員へ、そして会社の重責を担うようになったことによって、私自身の起業という道が開けました。薬局を起業したからこそ、こうやって介護事業へ拡大して今日まできました。しかし、起業した起爆剤として、働かねばならない家族の事情があったのは確かなことです。

「やるからには、大切な自分の人生の時間を使うのだから意義のある働き方をしよう」と、私は薬剤師という専門を活かしてきましたが、薬剤師の仕事だからこそできる高齢者へのかかわり、介護へのかかわりが見えてきて、「これは、人生をかけて取り組むべきテーマではないか」と考えるようになっていったのです。

人生の目的は、できることを続けていれば、その先に見つかるのだと気がつきました。自分の道が見えてきたとき、それに飛び込んでいくか尻込みするかで人生はまったく違う方向に向かうのではと、自分の人生を振り返ってつくづく思います。

「自分の仕事で社会に貢献したい、納得のいく仕事をしたい」そう、強く思ったのです。

しかし、会社に勤めていたときは、「そんな無駄なことをするな」と怒られることが多く、「でも、その無駄がその患者にとってはすごく大切」と、こういったしがらみに何度も何度もぶつかりました。

「一手間かけたらこの患者がこんなにも助かるのが見えているのなら、私はそれをすべきではないか」と、満を持して会社を辞めて起業の道へ舵を切り、薬局開設、のちには介護施設の設立に踏み切りました。

無駄は種類にもよるのです。

介護現場は「業務優先」でこなさねばならないということも一理ありますが、「入居者優先」も同時並行してできるということを本書では述べてきました。

患者や入居者のなかには本当はどうしてほしいと思っているか言えないで待っている人など、いろいろなタイプがいます。常に、「私があの人だったら今どう思っているかな?」を考えて、小さな変化を見逃さず、「できるだけ早く希望を叶えてあげたい」という考え方で一人ひとりに接することは、決して無駄なことではありません。むしろ、トラブルを未然に防ぎ作業の効率化も図れます。

介護の仕事は社会から見えない部分が多いものです。私たち介護事業者の「変化を見逃さない目」「感じる力」が、実は事故になる前にたくさんのことを防いでいるのです。

こんな、かっこいいことばかりを述べてきましたが、初めは大義というよりも、とにかく夫と母を「家と同じように住まわせて介護をしていきたい」という願いだけでした。

私たち介護スタッフがこの施設を運営しながら「家族ではないけれども、家族のようにいちばん近い存在」でいることが、高齢者にとって心地よいのかもしれません。夫と母を介護してきたから実践できていることです。いつでも、「優しく」「怒られない」「なんだか心地よい」ということに尽きるのです。この積み重ねが、入居者にとってもどっぷりと安心していられることにつながりました。

「ここにくると、なぜか不思議と長生きでいきいきと表情豊かになってしまう」と家族から言われながら、入居者の身内のように暮らしています。

ですから、当施設には細かいマニュアルはありません。入居者一人ひとりが求めていることを感じ取って提供しています。その分、間違いがないように技術の質を上げていかねばなりません。


薬剤師も介護職の仕事もこの24年間で変化してきているのも事実です。常に変化に順応していきながら社会に必要とされる人間でいないと、人も会社も生き残っていけません。

高齢者で薬を飲んでいない人は少ないですし、なにかしら持病がある人が多いものです。それらを鑑みながら、介護スタッフは変化に対して敏感に発見して次につなげていくことが大切です。

私は薬剤師から起業をし、平凡な主婦がたまたま社会に貢献するようになりました。そのように、「情熱があれば人はいつからでもなんでもできる」と言えます。私でさえできたのです。

命がある限り、人にはなんらかの役割が与えられています。

私自身、最後まで「私が私の人生」という生き方で締めくくりたいと思っています。

地域の皆さんの役に立てるよう、それを実現したいという思いがあり、今日まで高齢者を見守ってきました。

このあとは、後進である娘にバトンを渡します。娘は「地域から信用され、従業員がのびのびと意見が言え、やりがいのある会社にしていきたいですね。常に夢をもち、創造的な仕事をしていきます！」そう言ってくれています。

小林久子

小林久子（こばやし ひさこ）
近畿大学薬学部出身。
OL、結婚、出産、ドイツでの生活を経て帰国し、薬剤師として、地域に貢献できる薬局経営を平成9年に開始。医療の面からだけでなく、生活の面からも地域を支えたいと思い、平成16年に介護部門を設立。東大阪において地元密着型でやってきた。

本書についての
ご意見・ご感想はコチラ

フツーの主婦だからこそつくれた
入居者が殺到する非常識な介護施設

二〇二一年一一月二二日 第一刷発行

著　者　小林久子
発行人　久保田貴幸
発行元　株式会社 幻冬舎メディアコンサルティング
〒一五一-〇〇五一 東京都渋谷区千駄ヶ谷四-九-七
電話 〇三-五四一一-六四四〇（編集）
発売元　株式会社 幻冬舎
〒一五一-〇〇五一 東京都渋谷区千駄ヶ谷四-九-七
電話 〇三-五四一一-六二二二（営業）
印刷・製本　中央精版印刷株式会社
装　丁　伊賀さな

検印廃止

Printed in Japan ISBN 978-4-344-93686-7 C0036
幻冬舎メディアコンサルティングHP http://www.gentosha-mc.com/